方志年鉴论文集

（2016）

北京地方志学会 编

主　　编　侯宏兴
副 主 编　朱 民 王国英
执行副主编　杨 超

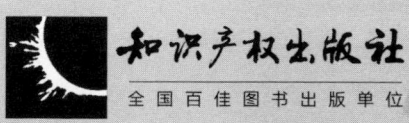

知识产权出版社

全国百佳图书出版单位

图书在版编目（CIP）数据

方志年鉴论文集 . 2016/北京地方志学会编 . —北京：
知识产权出版社，2017.6
ISBN 978 – 7 – 5130 – 4894 – 1

Ⅰ. ①方⋯　Ⅱ. ①北⋯　Ⅲ. ①方志学—文集
Ⅳ. ①K290 – 53

中国版本图书馆 CIP 数据核字（2017）第 105862 号

内容提要

本书收录论文 32 篇，共分三大部分，即方志编纂系列、年鉴编纂系列和地方志开发利用系列，内容涉及地方志的历史源流、方志理论、一轮修志经验及对二轮修志的思考；年鉴编修理论、实践及对年鉴编纂平台建设的思考；地方志开发利用相关问题的探讨。论文作者都来自于修志一线，大多数文章都是理论与实践相结合，一方面有利于读者了解北京市地方志事业的发展情况，另一方面也对各地的地方志工作具有一定的借鉴和参考作用。

责任编辑：王颖超　　　　　　责任校对：王　岩

文字编辑：褚宏霞　　　　　　责任出版：刘译文

方志年鉴论文集（2016）

北京地方志学会　编

出版发行：知识产权出版社 有限责任公司　　网　　址：http：//www. ipph. cn
社　　址：北京市海淀区西外太平庄 55 号　　邮　　编：100081
责编电话：010-82000860 转 8655　　　　　　责编邮箱：wangyingchao@ cnipr. com
发行电话：010-82000860 转 8101/8102　　　发行传真：010-82000893/82005070
印　　刷：三河市国英印务有限公司　　　　　经　　销：各大网上书店、新华书店及相关专业书店
开　　本：720mm×1000mm　1/32　　　　　印　　张：9. 625
版　　次：2017 年 6 月第 1 版　　　　　　　印　　次：2017 年 6 月第 1 次印刷
字　　数：200 千字　　　　　　　　　　　　定　　价：39. 00 元
ISBN 978 – 7 –5130 –4894 –1

目　录

1

年鉴编纂系列

方志编纂系列

主编应准确掌握志书的质量标准

——在北京志和区县志主编业务培训上的讲话

段柄仁

（2015 年 10 月 29 日）

这个会议是一年一度的主编业务培训会，会上有五位同志讲课。王铁鹏同志是从地方志事业发展的角度，联系北京市地方志工作，讲了如何落实国务院办公厅印发的《全国地方志事业发展规划纲要（2015～2020 年）》，其余四位是从某一方面讲志书的质量问题，分别讲了关于第二轮区县志稿统稿中的一些问题、关于入志人物应注意的问题、二轮区县志的资料问题、志稿中的法律问题，都是大家关注的普遍存在的问题。我在五位同志讲的基础上，再综合讲一下提高志书质量的关键环节，即主编应准确掌握志书的质量标准。

主编的主要精力应放在志书的质量上，准确掌握志书的质量标准是出合格品、出精品的前提条件。关于质量标准，中国地方志指导小组颁布的《地方志书质量规定》提出了总体要求，即观点正确、体例严谨、内容全面、特色鲜明、记述准确、资料翔实、表达通顺、文风端正、印制规范。这九个方面，可归纳为四种类型：一是政治性标准，二是资料性标准，三是著述性标准，四是著述的规范性标准。

政治性标准，就是以什么样的思想去统率。这是著述的灵魂。凡是以先进思想统率的，就会对历史发展起推动或引领作用，就是有价值的作品；相反，以落后甚至反动的思想指导编著，贯穿于全书，只能产生废品甚至毒品。作为文化产品的志书，衡量其价值大小、质量高下，编著者站在什么样的立场和思想高度，是起决定作用的因素。也就是应有内容的合理性，即符合客观发展规律。合情性，即符合时情、地情、人情。合法性，即符合先进的规章制度。具体讲：一是志书的指导思想，即必须以辩证唯物主义和历史唯物主义的立场、观点、方法去指导志书编纂，志书中所体现的思想观点，应当以中国特色社会主义理论和先进价值观统领。二是必须具有鲜明的时代特点，即站在社会主义时期的历史高度，审视并如实记载前人的创造和今人的开拓。首轮规划志书，应以厚今明古的原则，简明扼要地记述中华人民共和国成立前的历史，重点记述中华人民共和国成立后的发展历程。第二轮规划志书应记述历史进入改革开放时期取得的巨大成就和时代的精神风貌，同时如实记载历史的曲折和问题，以为后人提供借鉴。三是在志书内容上必须符合宪法、法律、法规，不允许与法相抵触，在编纂工作上要"依法修志"，不可违反《地方志工作条例》和《著作权法》等法律、法规。为此，《地方志书质量规定》专门写了一条："志书不得含有下列内容：反对宪法确定的基本原则的；危害国家统一、主权和领土完整的；泄露国家秘密、危害国家安全或者损害国家荣誉和利益的；煽动民族仇恨、民族歧视，破坏民族团结，或者损害民族风俗、习惯的；宣扬邪教、迷信、赌博、暴力的；侮辱或者诽谤他人，损害他人合法权益的；危害社会公德或者优秀文化传统的；法律、法规和国家规定禁止的其他内容的。"《地方志工作条例》也规定："地方志存在违反宪法、法律、法规规定内容的，由上级人民政府或者本级人民政府责令采取相应措施予以纠正，并视情节追究有关单位和个人的责任；构成犯罪的，依法追究刑事责任。"

资料性标准。资料是地方志编纂的基础，资料性是志书的基本属性，决定和影响志书的其他属性，也就是在评价时首先应着眼评述对象是否具有资料性，是否是资料性著述。何为资料性？就是志书的主体内容是由资料组成的，其质量的优劣和价值的大小，取决于两个方面：一是翔实齐全，二是详略有度。翔实齐全，就是能否为人们提供真实、准确、全面、系统、具有代表性和权威性的资料。资料应有不加评述的原始性、系统性和可查证性。也就是说，它必须是真实的、准确的，在特定使用范围内是完整的。人、事、物、时间、地点、事件经过等方面的要素齐全。在记述某事件时，应有起始、转折、高潮、结束等连贯系统的资料。如果使用的资料不完整、不准确、不合规，甚至有虚假，就很难说它是一部合格的志书。如果重要内容出现失真情况，对志书将"一票否决"。志书的资料性，还反映在使用资料的科学性上。资料浩如烟海，志书规模又是有限的，只能有选择地使用，这就是详略有度。也就是使用资料时，剪裁要严格挑选，哪些入志、哪些舍弃、哪些紧缩，都要精心设计，既要简明，又要保证资料不被上色变质，保护事物的真实面貌。要克服志书越编越详、篇幅越编越长、部头越来越大的倾向。

著述性标准。不是所有的资料性文化产品都是"著述"。比如对资料的整理分类形成的产品，诸如资料总集、资料汇编或资料长编，等等。"著述"应是经过精心构思，选择适当内容，按特定写作方式和形式而形成的一部内容有机统一、形式独立完整的作品。它不是在特定地点，以一定方式堆放的建筑材料，而是一座独立的"建筑物"。志书正是这样的"建筑物"，它有总体设计和篇目结构，在此框架下，使用资料要经过研究、分类、鉴别、考证、核实，选择其中能反映事物本质特征的具有典型性、代表性、权威性，而非一般化、泛化的资料，要按既定设计方案，把这些资料分门别类地放置在适当部位，使其上下关联、左右相照、层次分明、相互勾连，形成一个有机整体。它也如同建筑物有合格与否，在合格品中有高下之分。总之，著述性，就是使志书整体布局合理、结构严谨、层次分明、归属得当、类目的升降格使用得当、标题简明准确、题文相符等。

著述的规范性标准。志书质量高低，不仅表现在资料的使用上，而且体现在志书的整体结构上，即是否符合志书编纂原则，是否符合志书的体例、体式、体裁，是否符合志书的文体文风，印制是否规范等。在编纂原则上，比如关乎志书"生命"的存真求实原则，不仅要求资料是真实的，无虚假和水分，也要求把资料编纂成一定篇章，也必须是反映事物本质特征的，从整体看也是真实无疑的。在一些书籍和文章中，我们时有发现，从表面看它们使用的资料都真实无疑且有据可查，但这些真实材料经过作者的取舍和编排却从整体上改变了事物性质。因此在志书质量评审时，对内容的真实性，不仅应查证其局部的资料，还应从整体上研究其是否求真存实。又如横排竖写原则，要求对叙述内容不仅主体资料应完整、系统，而且总体上应横不缺要项，纵不断主线，详略得当，重点突出。述而不论原则，要求客观公正地记述事物，严格限制编纂者对事物任意发表议论，作出评价。生不立传原则，要求对在世人物不写传记，但必须在记述时，采取以事系人方式。越界不书，要求区域界限明确。超时不记，要求时间界限明确。详今明古，要求对古代只记大事大略，对当代记述应比较详细。时代性，即是否反映时代特征。地域性，即是否突出了地域特色。还有专业性，即是否突出其专业特点，等等。这些都是衡量志书质量的标尺。

在体例、体式、体裁上要"合格"。志书能在中华文明史上千载流传，至今兴旺，形成了专门学说，一个十分重要的条件，就是在逐步发展中形成了一种在原则和格式上被社会公认并普遍应用的编著体例。志书体例，按《地方志书质量规定》应包含志书名称、凡例、编纂规范、特定体裁等。志书名称应以下限时的本行政区域名称冠名，续修志书应标明上下限年份。凡例应有编纂志书的指导思想、原则、时空范围、体裁、人物收录标准、资料来源、行文规范、特殊问题处理等要求。当前存在的主要问题是一些志书"名不副实"，志书名称不完善、不准确、不合规，凡例与内容脱节，内容并非按凡例规定而写，断限、文体、资料、版式不规范，等等。

适当的体式，是方志的编目结构和表现形式，应和容纳的内容达到水乳交融的匹配。传统志书多用类目体、纂辑体等，新方志多为章节体或章节体和条目体相结合的体式。不论哪种体式，衡量其质量高低的原则应是形式和内容能否巧妙结合、体式能否充分容纳并展示特定的内容。当前存在的主要问题是，在使用章节体时，编目结构设置不完善，轻重失据失衡；使用章节体与条目体结合时，两者结合不紧密；使用其他体式时，在结构上常常出现不严谨、不均衡等问题。

特定体裁，主要是述、记、志、传、图、照、表、录、索引等，以志为主。在《地方志书质量规定》中，每一体裁都有明确要求，这些都是衡量志书质量的具体标准。在体裁上，当前存在的主要问题是：概述（总述、综述）不"述"，议论过多，写成了学术论文，或总结报告。概述不"概"，没有反映事物发展的全貌和特点。大事记夹杂许多"小事"，时间、地点、人物、结果等要素不全。专记特设不"特"，常常把志书中最精彩的内容抽出作专记。志，记述事物常常出现不完整或重点不突出的问题，缺失主要事物、事物的主要方面和事物发展的重要阶段。立传人物标准不统一，撰写的内容要素不明确、不规范。图照与内容互照性不强，常有一些与内容关系不大的政治人物照片入志。表的使用过滥或不足或不规范，有的事无巨细都制作表格，以表代文；有的只用数字表、人表和年表，很少使用事表和物表；有的统计表，只有表题、表头、表身，缺表注，有的表题只有表名，缺表序等。附录过多，过于庞杂，有悖于"归之无类，弃之可惜"的原则。有些志书缺索引，或只有条目索引缺内容索引，或有索引但编排方法不当、查找不便等。

独特的文体文风。不同文种，在行文规则上，有共性也有特性。志书和其他类型文种的共性，即各类图书共同遵守的基本规则，主要是字、词、句、标点符号、数字、量和单位等。国家有行文方面的法律、法规、标准和规定，志书和其他汉语出版物一样，其行文必须符合国家通用语言文字的规范和标准。比如，要用规范的汉字，禁用不规范的汉字；用规范的人名、地名、机构、民族简称和标点符号；用词概念准确，符合现代汉语语言规范，慎用评价语言，不用模糊、空泛词句；时空概念表述具体准确，指代明确，无知识性和常识性错误；数字、量、单位使用规范统一；等等。但志书行文也有其特性，主要表现在文体和文风上。文体是指行文的语言体式，志书必须使用规范的现代语体文记述，不同于公文、新闻、政论、文艺和史体类。其行文特点是从实而书、寓理于事，"其文直，其事核，不虚美，不隐恶，故谓之实录"。对所记述的人、事、物都不议论、不虚构、不逻辑演绎等。文风是文章使用文字语言的作风。志书文风的特点是行文严谨、朴实、简洁、流畅。除引文和特殊情况外，以第三人称记述，不以第一人称记述。严谨就是以严肃的态度、科学的方法、严格的规范，准确地记述事物；朴实就是如实"秉笔直书"，无虚饰浮夸不实之词；简洁就是文字精练，言简意赅，句无余字，段无冗句，事无重复，章无虚设；流畅即行文如流水，文字通顺，语言清晰，内容相接紧密，上下自然通畅。由此可见，是否严格遵守各类书籍的共性规律和志书的特殊要求，也是衡量志书质量不可或缺的重要标准。

书籍印制规范，也是书籍质量高低的重要组成部分，志书也不例外。志书印制的标准，应是突出志书特点、美观大方、方便阅读、容易保存。志书的地域性特点，常常使同一地区的产品形成系列，即成套性。志书又是连续性产品，有先后延续的创修、续修、重修、补修等类型。因此，在志书印制的设计上，必须有整体性、历史性意识，不是一部而是一套，即各部应有统一标志，不仅要考虑一轮志书，还要考虑和二轮、三轮的衔接。美观大方是所有书籍装帧都应追求的目标，地方志书的美观大方，应与其资料性特点，文图表一体和严谨、朴实、简洁、流畅的文风相一致。方便阅读，主要是在文字大小疏密、页面天地、章节留白、图文相配等方面尽可能引人注目，使人阅读舒畅。容易保存，即选择适用纸张，提高制作水平等。总之，志书印制不可忽视，应在质量评价体系中占有一席之地。

以上只是把志书质量评价体系做了一个比较粗疏的探索性概述。在实践中，评价一部志书时，尚需将上述质量标准更具体、更明确地细化为不同的若干标准。至少应分两大类：第一类可叫生死标准。比如，评价对象必须是资料性著述，志书内容不能违背国家宪法和法律、法规，主要资料必须是真实准确的，编著体例必须是志书体例。这些标准是不可违背的，违背任何一条，都是不合格品，都应给予否决。作为志书质量评价的这一类标准，应准确鲜明、边界清晰，给予突出地位。第二类是高级标准。在合格志书中质量有高有低。比如，资料典型性、权威性，局部资料完整性、准确性，资料使用的合理性、科学性的强弱，内容完整、系统以及时代性、地域性、专业性的深浅，体例、体裁、体式、文体、文风和行文规则合理、合规的程度，以及印刷水平等。这一类质量评价标准，更带有普通性、伸缩性、模糊性，需要进一步深入研究，作出准确精细的表述。

志书质量的高低，决定着志书的生存和发展。对志书质量的评价，实质上是社会对志书的认可度，而不同时代对志书的要求不同，因此，质量标准也有较大差异。社会主义时期的新方志担负着传承中华文明、为建设先进文化打基础的崇高任务，其质量标准和相应的质量评价体系的建立，更应符合以实现中华民族伟大复兴的现代化建设事业的要求，也更能促进志书质量逐步提高、志书编纂与时代同步，向现代化迈进。从这个意义上说，志书质量评价体系，是志书质量提高的动力，也是志书发展的导向。

（作者系《北京志》主编）

《北京志》编纂中要解决的两个问题

赵庚奇

内容提要：交叉与重复问题、中央与北京的关系处理问题是《北京志》编纂遇到的两大问题。本文论述了一轮《北京志》中对交叉重复的六种处理情况，以及对有关中央部分的内容处理的四种情况，并建议主编要站在全志高度统筹安排，妥善处理。

关键词：交叉　重复　中央与北京　处理

一、交叉与重复的问题怎么解决

第一轮《北京志》有 154 部分志，每部分志又分大、中、小不同层次的门类，相互之间存在着错综复杂、相互联系又相互制约的关系，加上 160 多个部门上万人参与编纂，众手成书，因此，在志书编纂过程中，交叉与重复是难免的。交叉与重复有三种情况：一是《北京志》154 部分志之间，你中有我、我中有你；二是《北京志》分志或区（县）志内部的篇与篇、章与章、节与节之间，正文与概述之间，正文与大事记之间，大事记与概述之间，有些资料、数字在不同门类之间反复出现；三是《北京志》各分志与区县志之间的交叉。

重复是指所记内容完全相同或基本相同。同一个资料、同一个事件在同一部志书中一般不应简单地重复出现，所谓"目"不重现，事不重复。但是，在一些志稿中常常出现一份资料、一个数字多处重复出现的情况，而且往往前后矛盾。地方志允许交叉，不允许重复。所以，要由主编站在全志高度统筹安排，妥善处理。

（一）选好各自角度，突出自身特点

北京的颐和园，在《北京志》各分志中，至少有6部都要记。6部志都全面记，就6处重复。颐和园已列入世界文化遗产，所以《颐和园志》应全面、系统记述。其他有关分志就要选准选好角度，着力突出写好自身特点，既和《颐和园志》内容有所交叉，又不简单重复。如《建筑志》从建筑结构、风格、用材（木、石、砖）、平面布局、造型、层数、功能等角度记；《文物志》从有历史价值的文物古迹、遗址、碑刻等角度记；《旅游志》从人文旅游资源、旅游设施、景点、旅游人数、经济效益方面去记。《园林绿化志》《建筑工程设计志》也本着同样原则记述。再如重大灾害，涉及的诸多部门都要记，应各有侧重，突出各个部门的职能特点。《自然灾害志》及发生灾害的水利或地震等分志重在记"灾"，《民政志》重在记"救""赈"，《医药卫生志》重在记"防疫灭病"，《军事志》重在记"抢险救灾"，等等。

（二）一处集中记，相关部分简记

在第一轮修志中，对新中国成立后历次重大政治运动、斗争，从土地改革、抗美援朝、镇压反革命到"三反五反"、农业合作化、人民公社化运动、反右派斗争、"大跃进"运动、"四清"运动（清政治、清组织、清思想、清经济）、"文化大革命"运动，18 部区（县）志除少数在大事记中记述外，多数在中国共产党部分设专篇（章）集中全面记述（名称有：主要工作与活动，重大政治运动，区委主要工作，政事纪要、工作概要等），各相关篇（章），如农业、纪检、统战、工商联、公安、检察、审判等，从各自专业、职能角度，分别简记。

（三）一处集中记，相关部分点到为止

物价事关百姓民生，为社会各界所关注，涉及商业、粮食、供销合作、物资、交通邮电、水、汽、热、电、园林、广电、通信等众多领域。第一轮修志中，《北京志·物价志》对全市商品价格、服务收费、调控措施、总的物价形势、监督检查、贯彻执行政策等，进行集中、全面记述，相关专业志点到为止，不展开具体记述，或采取"互见"形式，说明该内容见某志（篇、章）。这样就减少了重复，读者查阅一卷《物价志》，就对物价全面情况一目了然。

（四）一处专记，相关部分不记

《北京志》是由众多分志组成的统一的整体，涉及百科。第一轮修志坚持专志贵专的原则，各分志紧紧围绕自身的专业性质、公共社会职能，只记本专业范围内容，不越界（专业）而书。中国共产党、工会、青年团、妇联组织、人事保卫、计划生育、生活福利等具有共性的事物，均有专门分志集中全面记述，其他分志不记。区（县）志"建置沿革"篇（或章）只记历代行政建置沿革、政区设置变迁、地名演变等，不记建置内（区、县、乡、镇、街道）经济与社会发展情况，另由相关篇、章集中记述。

（五）协调解决

在志稿编写过程中或志稿写出后，在分志与分志，或一部分志的篇、章、节之间，重复是不可避免的，可由分志主编或地方志办公室统筹全局，协调解决。《北京志》的《报业·通讯社志》与《期刊志》在志稿写出后，因过去报纸和期刊性质分得不细不严，两个分志之间有70多处重复，后由北京市新闻出版局史志办公室牵头，同相关志书编写人员协商，有些内容由《报业·通讯社志》写，《期刊志》略；有些内容《期刊志》写，《报业·通讯社志》略，妥善解决了重复问题。

（六）关于《北京志》同各区（县）志的交叉

在第一轮修志中，总的来讲，《北京志》各分志是覆盖各区（县）宏观情况的，只有少数分志因体制管理关系只记市级情况，未能涵盖区（县）情况；有的区（县）志对于驻区县的中央、市属企事业情况漏记；而有的区（县）志对驻在辖域内中央企事业单位的业务工作记述过多、过细，均不符合地方志地域性原则。总的原则是，

《北京志》各分志的宏观形势应覆盖18个区县（包括全面评估、宏观数字），一般不具体展开记述。区（县）志对于驻在辖域内的中央、市属企事业单位应该记述，但是应有所区别。对行政单位一般只记单位名称、地址（保密单位例外）；对事业单位，如医院、学校等可简略记述。

二、中央与北京的关系怎么处理

中央的指示、决策怎么记？这是第一轮修志中遇到的比较普遍性的问题。"通典不录"是古今修志通例。清代名志、缪荃荪主纂的光绪《顺天府志》在《修书略例》中规定："典礼则例，非专为顺天设者不录。"

北京在第一轮修志中，对中央指示、决策和法律、法规的记述存在以下三个问题。

一是大量摘录全国统一要求贯彻执行的法律、法规等，有的志稿摘录的篇幅占到整个志稿的1/5甚至1/4，而没有北京落实的结果。1937年8月至1945年8月的8年中，北平处于日伪政权统治之下，有的志稿还大量摘录重庆国民政府颁发的法令政策，而这些在北平根本不能执行。

二是大量记述中央要求全国普遍贯彻执行的内容，而无本地本专业执行的结果。这样记述不仅使志稿篇幅膨胀，而且中央发出的决定、指示在各地区、各专业落实的情况也不尽相同，可能多数单位认真贯彻、全面落实了，而有的地区、专业可能没有真正全面落实。只记决定、指示要求，而没有本地区、本专业执行结果，不符合志书纪实的要求。

三是详记中央直接领导全国的工作。作为一个地方的志书，不担负也担负不了记述中央直接领导全党、全军和全国的具体工作内容。但是有些志稿详细记了北平解放后，中国共产党同南京国民政府的和平谈判，指挥人民解放军渡过长江，解放江南广大地区以及筹建新中国等方面的工作。

在第一轮修志中，《北京志》对有关中央部分的内容，大体分四种情况处理。

（一）《北京志》专设《中央机构志》

该分志主要记中央党政军机构建置沿革、工作职能、主要领导人员名录等，不记其领导全党、全军、全国的工作（运动、斗争、活动等）；只原则上记其机构职能，不记具体工作内容。

（二）中央企、事业在《北京志》有关分志记

中央在京直属的企、事业单位，依其性质和科学分类原则，分别纳入《北京志》有关分志，对很多地位重要、影响较大的企、事业单位，如人民日报社、光明日报社、解放军报社，中央电视台、中国国际广播电台、中央人民广播电台，北京大学、清华大学、北京师范大学，中科院，分别记入《北京志》的《报业·通讯社志》《广播电视志》《高等教育志》和《科学技术志》，不仅篇幅比市级大，而且在顺序上排在市级同类事物前面的显著位置，突出反映了北京作为全国文化中心的地位和特点。

（三）《北京志》有关分志适当记中央在京重大活动

新中国成立后，中央在京举办过很多重大的政治及国际活动。北京市党政军领导机关和人民群众，贯彻为中央服务、为中央对外交流服务的职能，全力配合中央有关部门，做好历年国庆盛典，香港、澳门回归祖国及接待国宾、重要外宾，举办国际会议、国际展览会、国际体育运动会等工作。《外事志》侧重记清时间、地点、主题内容、参与活动的市级主要领导人员等，不作具体展开记述。这既是国家赋予的重要任务，也体现北京是国家国际交往中心的地位和特点。

（四）精简通典，重在落实

我国在政治上是中央集中统一领导，经济上在改革开放前30年是高度集中管理的计划经济体制。因此在记述中央有关法律、法规及各项政策时，总的记述原则是：精简全国通典，着重记述本地区、本专业落实结果。中央专为本地区、本项事业（行业）决定的、具有指导意义和历史价值的文献可全文照录。如1948年12月20日中共中央《关于城市中的公共房产问题的决定致北平市委电》，《房地产志》全文刊载；1999年6月6日国务院《关于实施科教兴国战略加快建设中关村科技园区的请示》复批全文，《中关村科技园区志》全文照录。中央对全国通行的重要决定、指示，非录不可的，不录则不知事物由来、背景的，也不全文照录，可用精练语言概括其基本精神，摘引文件要旨，有的只列标题。如文件较多，可记总数，总括内容精华，重在记述本地、本专业执行结果。众所周知的全国统一颁行的法律、法规、规章、政策，可只记本地区本专业执行结果，或优于、先于、多于其他地区的内容。在全国通行的中央决定、指示文件一般不录。

（作者系《北京志》常务副主编）

对区县二轮志书记述内容的思考

张恒彬

内容提要：目前，区县二轮修志工作在稳步推进，这是志书的关键环节，全面准确地把握二轮修志的工作要求、质量标准至关重要。从目前的一些初稿看，还普遍存在着一些明显的不足，主要集中在区域特点不突出、时代性不强、资料收集不全、内容有较大缺失，特别是在对经济部类、城市管理等内容的把握上，还有些不到位，传统县志的痕迹较重，尚没有对城市志有足够的认识，这些不足亟待解决。

关键词：地方志　续修　综合志书　经济社会

按照《地方志工作条例》和《北京市〈地方志工作条例〉实施办法》的要求，区县二轮修志工作稳步推进，总体上进展顺利。从目前的一些试写稿和初稿看，如《北京市石景山区志》《北京市通州区志》《北京市东城区志》等都具备了一定的质量保证。从修志工作进度看，各区县的情况大致是"三三三"，即有 1/3 的志书基本完成了初稿，其中有两部已通过初审；有 1/3 的志书处于中间阶段，正对初稿进行修改、完善，如《北京市门头沟区志》《北京市房山区志》；还有 1/3 的志书，正处于初稿撰写阶段，一些编章节的资料不全，在继续收集资料。总体来说，各区县志都在按照"初稿要快、成稿要磨"的要求积极推进。区县志书的成稿阶段，是关乎整部志书质量的关键环节，是奠定志书质量的基础。在志书雏形阶段，对撰写工作的要求高、难度大，全面把握二轮修志的时代背景、质量要求，对高质量地完成二轮修志工作，具有重要意义。

一、区县二轮修志具有较为扎实的基础

经过 20 多年编纂实践，社会主义新方志的编纂取得了丰硕成果，积累了丰富经验，为二轮修志工作奠定了全面、扎实的基础，集中表现在二轮修志的社会基础、实践基础、理论基础、队伍基础等方面。近几年来，北京市通过宣传、开发利用，特别是围绕着北京市方志馆的筹备与建设，做了大量的基础工作。北京市各区县也积极谋划二轮修志，通过业务工作规划、组织工作推动、理论研讨交流、志书的开发利用等措施，为二轮修志奠定了坚实的基础。

（一）对地方志工作广为认知的社会基础

一是各级领导高度重视，对地方志工作的了解和认识在不断深化。经过几年来对《地方志工作条例》的学习贯彻，全社会对地方志工作的认识在逐步提高，贯彻执行

的力度在不断加大。按照《地方志工作条例》的要求，各区县积极推进"一纳入五到位"，从组织机构、修志队伍、经费保障等方面，都有较大突破，全社会的认知度在不断提高。

二是各级地方志工作部门对地方志业务工作的大力推动，通过报纸、杂志、多媒体等多种形式的宣传，对地方志工作、对传统方志文化的认识不断提高；对地方志的历史发展、地方志的功能属性以及在经济社会发展中的作用和地位的认识，都在不断深化。

三是地方志工作格局的确立，有力地推进了地方志事业的发展进步。在各级地方志工作部门的积极推动下，进一步巩固了"党委领导、政府主持、社会各界广泛参与"的地方志工作格局，确立了地方志工作在政府整体工作中的位置，为地方志工作的开展奠定了扎实的组织基础。

（二）经过一轮修志打下了扎实的实践基础

北京市第一轮修志启动于20世纪80年代末，规划志书172部，其中《北京志》分志154部、区县志18部，约1亿字，目前已全部通过终审。经过大约20年的时间，各区县和《北京志》各承编单位相继组织了班子和队伍，前后近万人参加，形成了众手成志的工作格局。通过业务培训、研讨交流、志书研读，有力地推动了修志业务工作的广泛开展。通过篇目框架设置、人员培训、资料收集、志稿试写、修改等各项具体业务的开展，积累了丰富的实践经验，为二轮修志奠定了扎实的实践基础。

（三）相对较为完备的理论基础

我国的修志历史已有千年，许多名志佳志成为了中华民族文化的瑰宝。第一轮修志工作，既学习借鉴编纂旧志的经验，又在实践中探索创新，创造出了许多社会主义新方志的新观点、新理论，并被方志界所接受。方志理论研究成果丰富、硕果累累，如《主编的印迹》《主编的脚步》和《志鉴论稿》等学术专著，在各种方志期刊上发表的一系列论文，定期出版的《北京地方志》杂志和完成首轮志书研读后形成的 80 余篇研究成果。此外，旧志整理工作稳步开展，大年鉴工作格局开始构建，地方志理论研究、开发利用、方志馆建设等各项工作全面推进；组织召开学会年会暨学术研讨会，邀请专家开展学术交流，大力推进了方志学理论的丰富与发展，为第二轮修志提供了理论基础。

二、对区县二轮修志的基本判断

（一）处理好"继承与发展"的关系

第一、第二轮修志，二者是"继承与发展"的关系，是天然的联系，既有继承，更有发展。二轮修志是在一轮修志基础上的续修，是对一轮修志的继承。一轮修志是基础，二轮修志是发展，一、二轮记述的对象一致，空间区域变化不大，记述内容的范围、口径大体一致，仅仅是时间和断限的差异。具体表现在以下几个方面。

（1）记述对象一致。从记述对象看，记述对象都是

"北京"，从空间区域看几乎没有大的变化，即使有变化，也仅仅是空间范围的微调。

（2）记述的范围一致。具体内容有明显变化，核心在于"变"。记述范围依然还是自然、政治、经济、文化、社会，略有差异的是突出"生态文明建设"，总体上与一轮志书一致。因记述对象发展变化很大，二轮记述的具体内容也会有很大差异。

（3）记述的时间不同。从记述的时间断限看，一轮志书记述内容，起自事物的发端，按照"详今明古"的方法记述，时间跨度较大。二轮修志的起点是衔接于一轮结束的时间，虽可追溯，但仅限于记述的局部内容，原则不能突破，如确有大的变化、遗漏，还可采取"志补"等方式解决。

基于以上分析，两轮修志都是社会主义新方志，都是行政区域内的综合志书。一轮修志，由于记述时间、历史断限等原因，继承传统的会更多些，二轮修志以一轮修志为基础，性质上属于"续修"，方法上具有"创修"的本质要求，这也是修志理论与实践发展的必然。

（二）修志工作进入"有法可依"的新阶段

2006年国务院颁布实施了《地方志工作条例》，随后，各省、直辖市、自治区，包括一些市、县，相继出台了《地方志工作条例》实施细则、方案等，实现了依法修志，使修志工作进入"有法可依"的新阶段，使修志工作更具可操作性。这对地方志工作，特别是对志书编纂，起到了坚强有力的保障作用。

（三）扎实的启动过程

2009 年，北京市启动了第二轮修志工作，规划编修区县志 18 部。各区县相继成立了编委会，明确了主编，组建了编纂队伍。之后，进行了篇目制定、人员培训、资料收集、志稿试写，一些区县陆续进入初稿评议阶段。其中，《石景山区志》《通州区志》完成初审评议，到 2015 年年底有半数以上志稿完成初稿并进入初审评议阶段，个别志稿有望进入复审阶段。

三、区县二轮修志存在的不足

（一）资料收集虽然丰富，但需要认真消化

很多志稿对一手资料的加工整理不够，带有明显的原始资料的痕迹。各方面资料收集得很多，但有价值的资料欠缺，很多资料来源于年度总结、政府工作报告，人大、政协的议案、提案，对这些一手资料，必须按照志书体例要求进行加工处理。

（二）框架结构不尽合理，篇目宜适度调整

对篇目结构的调整是贯穿于二轮修志整个过程的，这是一轮修志的主要经验。前两年在研究制定篇目时，也经历了反复的修改调整，广泛征求了意见。从收集资料篇目到志稿试写篇目，再到成书篇目，是一个渐进的过程，既受制于资料收集的情况，也与我们在试写实践中对事物的认识程度有直接关系，因此需要根据实际情况进行调整。

（三）志体规范尚需加强

这主要表现在志书体例、志书语言和志书的基本规范等方面，如志书体例欠缺，志体语言的使用不当。由于很多资料都为各单位各部门的年度总结、工作报告，因此，从内容的选取到事物发展情况的描述、表述，都要反复斟酌、反复推敲，字词句要精准、恰当，一定要符合"志言志语"。

（四）志体的基本要素不全

志书体例很丰富，包括述、记、志、传、图、表、录、补等，不同的方式要准确恰当运用。目前存在的问题有些是文字描述过多，有些内容需要大量数字、数据，比如对经济、人口等重要数据，用文字描述很费劲，还不直观，恰当使用表格、柱图、饼图等，效果会更好。再如有些需要追溯的内容过长，可以采取志补的形式，等等。

四、对区县二轮志书记述内容的几点思考

（一）把握好区县二轮修志断限内"撤县设区"的本质要求

要把握好区县二轮修志断限内"撤县设区"的本质要求，避免写成二轮县志。"撤县设区"是经济社会发展的必然结果，要抓住事物背后的本质特征，避免沿袭一轮县志的写法，注意县志与城市志的差别，二轮修志从记述的内容到记述的重点，都发生了很大变化，因此要善于抓住事物本源的东西。比如，作为城市志（区志），如果设定经济部类 20 万字，而再用 15 万字记述农业部分显然不

妥，况且农业产值所占比重已经很少。

（二）把握好区县二轮志书记述对象的区域特征

在二轮志书断限内，在各区县党委政府的领导下，各区县人民对所在区县基本情况进行了有益的探索，形成了一些科学的、规律性的认识，由此在区域功能定位、发展方向、经济结构调整、产业布局调整等方面发生了重大变化，志书就是要如实地把它们记述下来。对这些科学的认识、进步的认识，对区情的准确把握，我们不能视而不见，避免"负责任地应付"，要认真地坐下来研究思考，达成共识，反映在志书里。如实地记述下来这些变化，也是评判志书质量的核心标准。

（三）认真把握二轮志书的时代特征

在区县二轮志书断限内，我国的经济社会发展发生了巨变。国家综合经济实力增强，经济总量跃居世界第二，同样北京市也发生了翻天覆地的变化。北京市的国内生产总值由 20 世纪 90 年代初期的 1100 亿元，到断限末期的 2010 年已达到 1.78 万亿元，十几年的时间，国内生产总值翻了十多倍。这"十多倍"，不是虚的，是由各区县累加而来，包含着各区县的巨变。在二轮志书断限内，先后有 8 个县实现了"撤县设区"，这是北京市和相关区县的经济社会发展的实际，反映了北京市区域内城市发展的进程，是解决城乡一体化的重大成果，而背后是北京市及其相关区县自然环境、政治、经济、文化、生态的巨大变化。如果我们用传统的记述方法，显然不能如实反映实际情况。

（四）经济部类的记述是区县二轮修志的亮点

随着首都城市总体规划的调整，志书要特别关注经济部类的记述。断限内各区县在经济结构、产业结构上都做出了重大调整，而且北京市城市功能分区，涉及所有区县，城市核心区、城市功能扩展区、生态涵养区、首都副中心建设等，都是在这期间实现的。

（五）注意把握"城市管理"部类的记述

核心城区的建置调整，"撤县设区"的变化，促使二轮修志的记述内容也要随之调整。记述对象的巨大变化，对志书记述提出了很高的要求。单从内容上看，在二轮修志断限内，北京市及其各区县的经济、城市管理、生态文明建设、人口管理、交通环境、自然环境等，与一轮修志时发生了巨大变化，这正是二轮修志记述的重点，需要认真把握。

（六）适应互联网的发展变化，重点关注对新生事物的记述

在二轮修志断限内，随着科技发展进步，互联网、物联网已深入经济社会发展的方方面面，这也是我们要如实记述的重点。互联网、物联网对经济社会、日常生产活动产生了巨大影响，比如在物流流通业，作为传统基础设施的邮政的运营方式、产值等，遇到重大挑战。同样，互联网、物联网对市民生活的影响也很大，甚至在直接改造着人们的生活。这些，都决定了我们如何记述的问题，值得认真思考。

（作者单位：市地方志办）

地方志编纂指导工作分析与对策
——地方志编纂指导工作的"北京模式"

运子微

内容提要： 本文依据编辑学理论和笔者的工作实践，从志书编纂指导主体和工作机制、指导对象（承编主体）等方面入手，通过对多年实践探索而形成的编纂指导工作的"北京模式"的详细分析，系统地剖析编纂指导工作中面临的状况和存在问题，找寻编纂指导工作的规律，以丰富地方志编纂学理论。

关键词： 地方志　编纂指导　北京模式

地方志的编纂是将分散的（地域、行业、部门、媒体、互联网、个人等）人类精神创造物，如文字资料、口述资料、实物资料以及多媒体资料，依据一定的社会需要和价值标准，按照地方志的体例规范，进行收集整理、分类编排，构成一个整体的、有序的，供资政、存史、教化以及交流传播之用的文化知识成果。地方志编纂活动本身是一个地情文化成果的形成过程，每一轮的修志工作最终都是完成一次地情文化的传播使命。

2006年国务院颁布的《地方志工作条例》（以下简称《条例》）规定县级以上地方人民政府为负责地方志工作的机构，担负修志工作的行政管理和业务指导双重职能。因此，每一轮修志都是在政府地方志工作机构的指导下完成的。编纂指导工作由该机构中的业务指导部门承担，在此笔者通称为编纂指导主体。指导对象是承担修志任务的社会各相关组织机构，即承编主体。地方志编纂指导工作的目的是保证最大限度地调动承编主体的积极性、自觉性，激发他们从事史志编纂的使命感和责任心，规范其修志行为，使其按照既定的编纂工作规划完成志书编纂任务。2008年中国地方志指导小组出台《地方志书质量规定》（以下简称《质量规定》）。其中，对地方志书质量的总体要求是观点正确，体例严谨，内容全面，特色鲜明，记述准确，资料翔实，表达通顺，文风端正，印制规范。这一总体要求被视为志书编纂指导工作的基本原则。同时，编纂指导主体自身的思想修养、学识水平、指导能力和效率以及与承编主体交流沟通中表现出的责任心、使命感及其产生的感化和影响等都将成为编纂指导活动中的积极因素。一个健全的高水平的编纂指导主体应将这些因素的作用最大限度的发挥出来，以确保指导工作的准确性和有效性。

地方志编纂指导主体与承编主体的关系本质上是一种政府与社会各承编单位之间的文化缔构关系。指导主体忠实履行《条例》赋予的工作职责，充分发挥在编纂指导工作中的主体作用，以贯彻政府修志指导思想和主体意志来主导承编主体的编纂行为，包括框架设计、资料选用、史实把握、内容记述以及行文规范等方面。承编主体按照指导主体要求围绕志书主题谋篇布局，将区域或行业的发展历史梳理清楚，全面系统地记述出来。无论指导主体和承编主体都必须具有高度的责任意识和使命感，善于把握和评价资料文本的社会价值和存史价值，按照《质量规定》要求，在志书主题范围内来整体构思，及时调节资料的取舍思路，从而取得符合体例要求的稿本。

一、地方志编纂指导工作机制

首先应明确地方志编纂指导工作贯穿修志的全过程。地方志编纂指导工作机制主要包括：建立专业化的志书编纂指导队伍，规范指导行为，分阶段、分步骤开展志书编纂业务指导。第二轮《北京志》编纂工作启动后，在编纂指导工作机制方面进行了大胆的尝试和创新。

（一）建立专业的地方志编纂指导队伍

从地方志工作实践出发，建立健全编纂指导队伍，对修志业务进行全方位的指导，是保证志书质量的关键。重点是要建立起三支专业队伍。一是联系人队伍。地方志编纂工作需要编纂指导主体和承编主体密切配合，以切实保证贯彻落实政府修志的主体意识，这就需要二者之间有一个纽带或桥梁。2008 年北京市地方志办出台了《第二轮〈北京志〉编纂联系人制度》，依据《北京市第二轮地方志书编纂方案》中规划的《北京志》66 部分志，按照志书内容将其分为政治、经济、文化和社会四个部类，采取按部类"相对集中"，志书数量"适当均衡"的分配原则，将每个部类设定一位联系人，明确联系人职责。联系人职责主要包括：负责组织指导所联系单位开展修志工作；开展调研活动，熟悉所联系单位修志工作的基本情况；收集联系单位的工作信息和存在的问题；向所联系单位推广好的修志工作经验和方法；负责接收和督促所联系单位报送修志工作档案。联系人的履职情况纳入年终考核。这一制度以联系人为纽带将编纂指导主体和承编主体紧密联系起来，从而形成编纂指导的基础格局。在这一格局内，联系人要督促指导承编主体搭建起修志工作的基本框架，包括成立编委会、设定主编、制定编纂方案、确定机构人员等工作，使其按照既定的目标和要求推进工作，并随时跟踪工作状态，保证工作进度。二是责审队伍。这是地方志编纂指导主体的基础力量，责审的选择和志书的分配要考虑专业相关性，按照责审的专业特长，使每位责审承担若干部志书的审读任务。实践证明，联系人可以直接担任责审，这样可以培养出既具有管理能力，又有业务指导能力的复合型人才。2011 年北京市地方志办出台《北京市第二轮规划志书责任审稿管理办法》，其中明确了审稿对象为各区县地方志工作机构以及市属各修志单位所承担的规划志书的试写稿和初稿；审稿方式采取自审、联审、互审三种方式。"自审"即单独审读稿件；"联审"即集中审稿；"互审"即交叉审稿。审稿期限一般不得超过 6 个月。同时还明确了罚则，即在无正当理由和特殊情况下，未能按审稿时限和审稿要求完成审稿任务的，将视情况予以警告、通报批评、取消审稿资格等处罚。三是专家队伍。这个队伍由修志专家和行业专家组成，是地方志编纂指导主体的核心力量。专家的选择一方面要将多年从事修志工作、具备一定理论水平、熟练掌握志书体例要求的人员纳入专家库；另一方面要选择在各行业中有一定影响的、熟悉行业发展历程的专家。两种专家相结合，以确保对志稿从体例到史实上的双重指导和把关。

（二）规范指导行为

依据国务院《条例》和中指组《质量规定》，以及在此基础上由各级指导主体根据本区域实际制定出台的相关文件为指导准则，规范地方志编纂指导行为。2007 年北京市地方志办编纂完成《修志工作指导手册》，2011 年制定了《关于第二轮北京志书编纂若干问题的意见》，手册和文件的制定、出台都是为了规范指导行为，达到指导工作的规范化。在具体业务指导实践中应做到：一是在审稿过程中严格以《条例》和《质量规定》为依据，结合本级人民政府修志机构出台的相关业务文件，从观点、体例、内容、资料、行文五个方面对稿件进行审读。审稿中要把握的总体原则是观点正确，体例严谨，内容全面，特色鲜明，记述准确，资料翔实，表达通顺，文风端正。二是在志稿评议会之前，责审要对评议意见进行合议，在内部先达成共识，统一口径，当面对承编主体进行指导时能够形成"一个声音"，避免指导者自身意见相左，给承编主体造成困惑。三是充分利用现代化手段，创新评议方式，如审稿人员统一制作幻灯课件，对评议稿进行实例分析，以超链接的方式，将存在的问题直接指向稿件对应的内容中，直观展示稿件存在的问题和评审意见建议，便于承编主体理解和消化吸收，有利于提高承编主体的规范意识，以增强指导工作的时效性。

（三）分阶段、分步骤开展业务指导

业务指导工作大体可分为四个阶段：第一阶段是认知指导。对于各承编单位参与修志工作的人员而言，接受的完全是一项陌生的任务，甚至是从未涉足过的领域，因此地方志编纂工作的初期指导必须从地方志基础知识讲解入手，重点讲授地方志的定义、发展简史、性质、特点、功能、体例等，以使承编主体接触和了解地方志，树立修志意识。第二阶段是资料工作指导。资料是志书编修的基础，对地方志资料工作的指导是地方志编纂指导工作的重要环节。其主要任务包括指导承编单位如何收集、整理、鉴别、选用和保管资料等，这项指导工作扎实与否，直接关系到志书质量的高低以及修志工作的推进程度，同时也是考量指导人员业务功底的重要标志。因此，必须高度重视，扎实细致地指导。第三阶段是撰稿指导。为提高地方志编纂指导的时效性和针对性，可以采取先试写部分志稿进行评议，以试写带动初稿撰写的方式进行指导。2012年北京市地方志办将志稿试写工作作为本年度工作重点，要求承编单位选取一篇或若干章节进行试写，指导工作以如何撰写志稿为重点，并通过试写稿评议将问题发现在最前面，为初稿撰写扫除障碍，打下基础。这种指导方式受到承编单位的普遍认可和欢迎，取得了良好效果。第四阶段是审稿指导。地方志的审稿工作一般分为初审、复审和终审三个环节，地方志编纂指导主体在每个阶段都必须认真履行职责，对志稿进行全面的审读，并提出审读意见，指导承编主体进行修改完善，以达到出版要求。承编主体必须紧密配合，本着实事求是的态度，认真消化吸收志稿评审意见。只有双方的共同努力，才能保证志书编修任务的圆满完成。

二、地方志编纂指导对象分析

地方志编纂指导对象即承编主体，所涵盖的从事修志工作的人员大致包括：在职人员、研究人员、离退休人员等。对承编主体的修志业务指导是否顺利直接取决于这些人员的群体差异。

（一）在职人员（机关各处室）

这个群体是志书承编主体中的基础力量，他们来源于系统内的各机构，被机构领导者委以修志任务。他们的突出特点：一是每个人都是兼职，甚至身兼数职（只有极个别机构设置专职修志人员，因数量极少，本文忽略不议）。其中一部分人员入职时间较长，对行业发展历程比较熟悉；还有一部分是新入职人员，年轻化，学历高，接受新事物能力强，对行业情况不熟悉，机构领导将他们纳入修志队伍，意图是借修志之力锻炼和培养队伍，一旦完成修志任务，这部分人有可能成为"行业通"，可谓"一举两得"。二是修志工作不在其主要工作职责范围内，多是临时附加的工作，因此，在主观能动性和执行力方面容易表现出被动和消极态势，给工作带来不利影响。三是人员稳定性差，经常替换。以北京市为例，曾在一个系统内，修志人员在不到一年的时间里更换了70%，这就意味着一切都将回归起点，这给编纂指导工作造成很大难度，影响了修志工作进度。

（二）研究人员（专家、学者）

这个群体来源于大专院校或人文社科类研究机构。第二轮《北京志》66部规划志书中，有近10%的志书是由这些机构承担编纂任务，包括了金融、财政、商务、人口、民族、宗教等方面的研究机构，还有一些志书承编单位在系统内聘请专家、学者承担修志工作。这一方面是"政府主持，专家参与"的修志理念的现实体现，另一方面是利用社会智力资源服务于修志工作的具体实践。这个群体表现出的特点：一是他们掌握社科研究的前沿成果。他们手中掌握了大量的调研材料和最新研究成果，并能将这些成果与志书主题相结合，应用到志书内容记述当中，增强志书的资料性、学术性以及社会利用价值，使志书内容与时俱进，因此他们在以地方志为载体的文化缔构当中起到了桥梁和纽带的作用。二是这个群体基本是专家、学者型撰稿人员，上手快、效率高，但同时又具有个性强，善于表达自己的观点，判断事物的性质、行文的主观意识较强的特点。而志书强调"述而不论，寓观点于记述之中"，要求在撰稿中要突出共性、隐藏个性，这一点对于这个群体而言是个难点，他们自觉不自觉地会将个人观点或科研报告式的写作手法融入志稿撰写当中，而忽略了志体要求。三是对于行业或系统缺少总体认识。这个群体中有很大部分是导师带学生组成志书编纂项目小组，参与修志工作，由委托单位与他们签订项目书，并给他们提供行业或系统内的资料，然而他们对于这个行业或系统的工作机制和状态并不十分熟悉，对于行业的发展缺乏整体了解和感性认识，这是他们存在的局限性。

（三）离退休人员

这个群体是由系统或行业内已退离工作岗位的人员返聘组成。他们的特点：一是熟悉行业的方方面面，特别是对自己曾从事过的本职工作了如指掌。他们是所有指导对象中最熟悉行业历史与现状的人，目前北京市有部分承编单位返聘的离退休人员甚至超过在职人员数。二是老同志工作热情高，态度认真，责任心强，史实把握准确，并且能够通过回忆自身工作经历来弥补现有文字资料的不足，所以他们是口述资料的持有者和主要来源。三是由于身体、工作压力或待遇等原因造成这个群体的不稳定，中途退出现象较多，所以工作中需要给予这个群体更多的关爱和理解。

三、志书编纂中存在的问题

承编主体的群体差异，直接体现在志书体例把握中表现出的思维定式和资料选取意识方面的群体特征。

（一）思维定式方面

一是专业化思维定式。导致解释性、说明性内容充斥志书正文，这是在职人员和离退休人员两个修志群体中存在的较普遍现象。他们是与专业紧密联系的群体，在撰稿思路上总是担心读者不懂本专业知识，所以在述体，即篇（章）无题述中或在节下记述开始时使用一定篇幅解释专业概念，或对工作内容进行说明式记述，这种记述方式不仅造成志书篇幅的膨胀，而且也冲淡了地方志记述历史过程这一基本主题。二是学术性思维定式。这是研究人员（行业专家）修志的一个特点。突出表现在志书框架设计方面，出现多极化现象，类似于研究人员撰写科研报告时要求将科研项目逐级分解，从点上切入，每个项目点都要涵盖。以这种思维方式编纂志书，容易造成志书记述内容的分散，即所谓"只见树木不见森林"现象，将一个整体事物分解成多个概念点，在每个点下又构建多个层级，这样形成的志稿基本是专业术语加数据，造成事物的整体性基本丧失。从北京市二轮志书试写情况看，一些志书的框架甚至达到了7~8个层级。三是办公室思维定式。办公室人员擅长写总结报告、起草文件等工作，以这样的工作思路参与到志书编纂中会导致志稿从记述语言到内容基本摆脱不了总结报告式思维，而缺乏"志言志语"。在职人员中这种现象较突出，这个群体的撰稿人主要来源于系统内各处室或直属机构，在撰稿思路上还摆脱不了总结报告式的思维模式，习惯于对事物进行定义或判断，设定若干高度概括性的标题，然后再记述史实，或是以概念性或判断性表述代替史实，造成记述内容空洞，趋概念化现象。

（二）资料选取意识方面

由于承编主体是非专业修志群体，所以在修志资料的选取方面对于主体资料和非主体资料容易把握失当。一是反映事物发展的主脉络资料选取不到位，特别是事物发展的阶段性特征和关键点把握不准，出现流水账式（大事记式）记述；或以一个时间点统到底，使事物发展主脉络不突出或消失，造成内容缺乏深度和广度的现象。二是非主体资料充斥正文。非主体资料应该是辅助主体资料的记述，包括背景资料、佐证资料等，但是在实际编纂中，由于对行业发展脉络把握不准，或资料缺失等原因，造成非主体资料大量充斥正文的"喧宾夺主"现象，特别是续修志书在与前志的衔接方面占用大量篇幅重复前志内容；加之由于对志书体例不够了解或资料的筛选加工不到位，造成文件内容被大段或全文引用于正文之中，一方面割裂了事物的整体性，造成正文内容的空洞和失衡；另一方面文件资料与历史进程资料相混杂，打乱了记述节奏，造成内容结构上的混乱，而文件内容本应纳入志书正文后的附录之中。三是纠缠细节，特别是政策措施出台过程或实施过程的细节记述过多，还有一些是对于工作流程的记述过多过细，似技术操作手册。

四、地方志编纂指导对策与模式

针对上述承编主体在修志工作中存在的问题以及承编主体的群体差异，要求在编纂指导工作中要突出针对性，把握时效性，注重实用性。北京市在地方志编纂指导模式和对策方面进行了有益尝试，再此权且称之为"北京模式"。

（一）用情指导

指导主体必须明确编纂指导工作本身也是对地方志工作的宣传，对承编主体要晓之以理、动之以情，要用智慧修志，将修志效益扩大化。在指导中要使承编主体明白修志就是记载行业发展历程，包括行业所取得的成就、在发展中的教训和经验、展示行业发展的面貌和规律，为今人和后人了解及借鉴；要告诫撰稿人笔头下的文字将作为历史留存下来，留存什么内容，关系到后人将如何看待我们，因此绝不能随意和盲目，更不能抱着应付差事的想法对待修志工作，要对历史负责，对行业的未来发展负责。同时，也是更重要的一点，要使每一位撰稿人清楚自己的身份，那就是，他们不但是历史的创造者和见证者，而且从参与修志工作这一刻起他们就成为了历史的记录者，这是一个全新的身份，以此来激励承编主体的历史责任感和对修志工作的认同感，使他们在个人情感上真正重视起这项光荣而神圣的工作。

（二）去个性化指导

志书是众手成志，是集体智慧的结晶，不是个体作品，指导者是政府文化建设的代表者，所以在指导中必须将指导层面和研究层面严格区分开来。在对承编主体指导时必须言之有据，避免擅自将个人的观点夹杂在指导行为中，特别是避免将与《质量规定》和指导主体出台的相关业务文件相悖的内容带入指导之中，这样会自相矛盾，引起编纂思路上的混乱，从而影响指导效率和承编主体的执行力度。指导主体在工作实践中产生了新的认识和想法可通过撰写论文方式进行阐述。指导主体面对承编主体必须要一个声音说话，不能各说各话，所以在指导模式上要严格遵循《质量规定》和指导主体出台的相关业务文件，并以此为指导准则，从而规范指导行为。

（三）专业化指导

指导主体必须专业化，也就是具体承担指导职能的修志机构业务人员必须专业化。一是要熟练掌握地方志的基本概念、体例规范和相关业务规定，面对承编主体进行指导时要语言规范，表述概念准确，应用修志行业的专业术语进行指导，个人不能臆造概念和生造概念，避免说外行话和大白话，表述要严谨，逻辑思维要清楚，这样才能充分展示指导主体的专业水准，从而使承编主体感受到修志工作的专业性和严谨性。二是承编主体必须了解地方志基本概念，不能糊涂修志。这就需要指导主体在修志工作不同阶段的培训中要向承编主体不断灌输地方志的基本概念和体例规范，将他们的思维引入专业化范围。三是要善于抓重点，要重视对于框架设计的指导，特别是基础框架的设计，即节、目题的设置，因为基础框架设计的成功与否很大程度上影响着资料的取向，从而可直接影响志书的存史价值和使用价值。

（四）案例分析

编纂指导主体通过审读稿件，对于其中存在的问题要善于归纳，并连接到稿件中相应的地方作为案例进行分析性讲解，使承编主体对于存在的问题有个系统全面的认识。以北京市各分志为例，就目前稿件评议情况看，要求在记述中：（1）忌空话、套话；（2）忌画蛇添足；（3）忌说明解释性记述；（4）忌大事记式记述；（5）忌以文件内容充斥志书内容；（6）忌回溯时间过长（就续修志书而言）；（7）忌划分层级过多；（8）忌无时间节点（发展阶段）；（9）忌节下设述；（10）忌记述不到下限。要注意几个区分：（1）概述要与简介区分开来；（2）记述史实要与工作总结区分开来；（3）记述事业要与名词解释区分开来；（4）时间表述要过去时与现在时、将来时区分开来；（5）称谓要第一人称与第三人称区分开来。要强调：（1）严格越"界"不书——地域界限、行业界限和时间界限；（2）把握事物整体性——分阶段综合记述；（3）避免内容的简单重复——依据职能范围，选择侧重点；（4）点到为止——不纠缠细节；（5）利用志书现有体裁合理分配资料——表和附录的应用。以上这些要求都是基于编纂工作中存在的共性问题归纳出来的，并且我们在被评议的稿件中对于每一个问题都指向一个或若干个案例，尤其对于续修志书还可与首轮志书相关内容结合起来进行比较式分析，增强指导的深度和广度。

（五）范例指引

"授人以鱼，不如授之以渔。"在提出问题时也要给出解决问题的思路和方法，不能把"球"踢给承编主体，这是作为地方志编纂指导主体的基本职业操守，也是考量修志从业者的履职能力和工作作风的重要依据。编纂指导主体在评议稿件时提出的所有问题，如果像"填鸭式"灌输给承编主体，在他们脑海中记忆的是被发现的问题，以及"能"与"不能"的要求，而并没有形成整体的修改思路。如果指导主体的指导工作就停留于此，那么接下来承编主体对稿件的修改能力和修改程度也将受到很大局限。因此，最有效的解决办法就是指导主体在提出稿件中存在问题的同时，选择若干具有代表性、典型性的内容（节题或目题）修改成真正意义的志稿，将所有问题在具体修改中如何处理进行实战演练，作为范例，举一反三，供承编主体参考，这种指导方式会使承编主体切身感受到"解渴"，并且茅塞顿开。

（作者单位：市地方志办）

编纂政治部类志书需要
注意的三个问题

姜昆阳

内容提要：笔者通过审读几部二轮志书，感到有些志书中还存在一些问题。这些问题不解决，就会影响志书的质量。特别是政治部类志书，在志书中影响大、作用重，更要确保质量。本文主要针对二轮修志中发现的一些问题，指出政治部类志书需要注意三个问题：要有强烈的政治性、志书的记述要符合宪法和法律以及关于敏感问题入志。

关键词：地方志　政治部类　敏感问题

最近，笔者读了几部二轮志书，有正式出版的江苏《邗江县志》、江西《高安市志》、河北《井陉县志》，有北京《石景山区志》《通州区志》《昌平区志》《门头沟区志》《崇文区志》的部分初稿，以及浙江《萧山市志》初稿。感到二轮修志中各地方志办公室工作努力，普遍注意了遵守志书的基本模式，例如横排门类、竖写史实、秉笔直书、述而不论，等等，继承了第一轮修志的优点，也克服了第一轮修志中的种种不足，有了很大的进步。

同时，也感到有些志书还存在一些问题，存在一些失误和漏洞。这些问题不解决，就会影响志书的质量，特别是政治部类志书，在志书中影响大、作用重，更要确保其质量。

本文主要针对二轮修志中发现的一些问题，仅就政治部类志书作全面论述。

一、志书要有强烈的政治性

志书要有政治性、思想性，有鲜明的政治立场。政治部类志书更要有强烈的政治性。我们说的政治性，是指政治立场、政治态度、政治方向。赞成什么，反对什么，肯定哪些，否定哪些，要体现在我们志书的资料选择、资料记述中。

志书要有政治性，但是志书不要政治化。志书不同于社论，不同于宣传材料，也不同于工作总结，要通过记述，客观地表达政治立场、政治态度。

《中华人民共和国宪法》第一条明确规定："中华人民共和国是工人阶级领导的、以工农联盟为基础的人民民主专政的社会主义国家。"政治部类志书，应该记述中国共产党的领导，记述人民代表大会，记述国家的行政机关、审判机关和检察机关，记述有广泛代表性的人民政协。不仅要记述各领导机构，也要记述"人民依照法律规定，通过各种途径和形式，管理国家事务，管理经济和文化事业，管理社会事务"，即记述国家的政治生活。政治部类内容很多，包括党委、人大、政府、政协、群众团体、审判、检察、军事等方面，在志书中，一定要做到门类齐全。

应该指出，很多志书比较重视记述各领导机构的组成情况、工作情况，这是好的、必要的，但是在记述人民群众的活动时，往往很少，这是应该注意的。例如 1999 年 5 月 8 日，北约悍然轰炸中华人民共和国驻南联盟大使馆，引起了人民群众的强烈抗议。再如广大人民群众对李登辉"两国论"的斥责和愤慨；对 2005 年中国国民党主席连战率团访问大陆的欢迎和关切；对全国人民代表大会通过《反分裂国家法》的坚决支持；1998 年对抗洪救灾的积极支持；2008 年对汶川特大地震的深情关怀，广大群众的支援、捐赠、帮助……这样重大的政治事件，还有很多，在政治部类志书中应该有记述，不能过于简略，更不应缺失。遗憾的是，笔者见到的不少志书，这些方面的记述都相当不足。志书中偏重记述领导机关、领导干部，对人民群众、基层组织的记述过少过简，是志书的缺陷，值得引起特别注意。

二轮修志的时间范围，从 20 世纪 90 年代到 21 世纪初，这是我国政治体制改革的重要时期，例如公务员制度改革、机构改革，一系列法律的制定和实施……志书应该努力反映这些内容。《高安市志》和《井陉县志》专设了一编"政治体制改革"，把各个方面的改革集中记述，内

容很丰富。有一些志书把政治体制的改革分散在有关各篇
章记述，也是可以的。但是，一定要把这些改革完整地记
述下来。

《高安市志》在记述政治体制改革时，分为"行政管
理体制改革""机构改革""干部人事制度改革""民主法
制建设"四章。《井陉县志》分为八章，但是里面有些表
述可以商榷，例如"完善人民代表大会制度""完善法律
监督制度""完善人事监督制度""完善政治协商制度"
等，用词不够准确。这些制度都在改革中，还不能说已经
"完善"了。所以在记述时，不要出现过头话。

北京市有一部区志记述外事工作时，这样写道，
"2008年，我区高水平接待了中央、北京市安排的国家元
首、政府首脑等重要党宾、国宾团组95个、2200余人
次"，写法不妥。2008年是高水平接待，难道其余各年的
接待都不是高水平？政治部分，和志书其他部分一样，不
应有溢美之词，要秉笔直书。

二、志书的记述要符合宪法和法律

志书的记述要符合宪法和法律，关于中国共产党的记
述要符合党章，不能出现重大的政治失误。

在一些志书中，记述中国共产党的组织和活动时，内
容很多，但是由于把关不严、审查不细，出现了种种
失误。

不止一部区县志在记述党的基层组织时，把党组记入

了党的基层组织。如有的区志记述有 50 个党组，有的县志记述有 23 个党组是党的基层组织，这是不符合党章的。《中国共产党章程》第五章《党的基层组织》明确规定，党的基层组织为"党的基层委员会、总支部委员会、支部委员会"，并不包括党组。第九章《党组》第四十六条规定："在中央和地方国家机关、人民团体、经济组织、文化组织和其他非党组织的领导机关中，可以成立党组。党组发挥领导核心作用。党组的任务，主要是负责贯彻执行党的路线、方针、政策；讨论和决定本单位的重大问题；做好干部管理工作；团结党外干部和群众，完成党和国家交给的任务；指导机关和直属单位党组织的工作。"党组不是党的基层组织。

同样，不止一部区县志在记述党的基层组织时，把工委记成了党的基层组织，例如把区委直属机关工委、经济开发区工委，把各个街道工委，都列入党的基层组织。这同样是错误的。工委是区（县）委的派出机构，不是党的基层组织。

有一部志书在记述统战工作时写道："1997 年，全区共安排党外处级干部 3 人，其中，实职 1 人。"把干部任命说成"安排"，是不妥的。公务员的职务任免有正式的法律规定，有任免的程序。统战部是"推荐"，而不是"安排"。

在志书中记述政府工作、人大工作、政协工作，要依照《中华人民共和国宪法》《中华人民共和国地方各级人民代表大会和地方各级人民政府组织法》（以下简称《组织法》）等有关法律和《中国人民政治协商会议章程》的规定来组织资料和审查资料，并分设有关章节。章节的内容、标题，都要严格符合法律规定。

　　人民代表大会是政治部类的重要内容，在志书中篇幅大，内容多。有一部区志在篇下无题述中，这样记述："区人大原则上每年年初举行一次全体会议，审议和批准政府工作报告、年度国民经济和社会发展计划以及财政预、决算报告，讨论、决定区年度工作的目标、任务，审议、批准区人大常委会、法院和检察院的三个工作报告；审查、批准区国民经济和社会发展五年规划；选举区国家机关领导人员、区人大常委会组成人员和区应选的市人大代表。"这段文字中有多处不符合《组织法》的规定，《组织法》第八条规定："县级以上的地方各级人民代表大会行使下列职权：……（二）审查和批准本行政区域内的国民经济和社会发展计划、预算以及它们执行情况的报告；……（五）选举省长、副省长，自治区主席、副主席，市长、副市长，州长、副州长，县长、副县长，区长、副区长；……（六）选举本级人民法院院长和人民检察院检察长；……（八）听取和审查本级人民代表大会常务委员会的工作报告；……（九）听取和审查本级人民政府和人民法院、人民检察院的工作报告。"不能把"听取和审查"工作报告，写成"审议和批准"。人民代表大会并不是对所有的国家机关领导人员进行选举，只是选举行政机关的正职和副职、法院的院长和检察院的检察长。人民代表大会只审查和批准预算，按照《中华人民共和国各级人民代表大会常务委员会监督法》第十五条规定，财政决算由人大常委会审查和批准。

有一部县志记述县人民代表大会的主要活动时，三节的标题分别是"执法检查""评议工作""代表活动"，与有关法律相对照，可以看出这三个标题既不规范，也不完整，没有突出人民代表大会是国家权力机关的根本性质。有一部市志记述人民代表大会工作时分为八节，标题分别是："法制宣传与执法宣传""工作监督""人事任免与述职评议""议案与建议办理""代表联络""调查研究""来信来访处理""指导乡镇人大工作"。看起来内容很多，但是没有突出主体，和《组织法》的有关规定相比，还有不少缺漏。有一部志书在记述人民政协的工作时，第一节的标题为"专题协商议政"，就很不规范。人民政协的三大职责是政治协商、民主监督、参政议政。在记述政协工作时，要按这三个方面来组织材料。有一部市志记述人民政协的主要工作时分为八节，标题分别是："提案办理""视察调查""建言献策""咨询服务""社情民意反映""联谊活动""文史资料征集与编纂""指导乡镇政协工作"，内容很丰富，却没有突出主体。有一部县志设"人大·政府·政协"篇，记述政协工作，四节的标题是："调研视察与社情民意""提案工作""咨询服务与联络联谊""文史资料工作"，同样没有突出主体。

有一部区志在记述政府工作时，有这样的内容："区政府文件……用于转发国务院、北京市政府下发的行政文件和发布区政府制定的政策措施、行政规定等"，"向区人民代表大会或区人民代表大会常务委员会提出的议案"，"区政府各工作部门和各镇政府、街道办事处报送区政府审批的公文，由区政府办公室统一办理"。这段话里面有几处错误，区级政府不能制定政策，也不能制定议案。区政府不能"向区人民代表大会或区人民代表大会常务委员会提出的议案"，人民代表大会和人大常委会不是两个并列的单位，两者之间不能用"或"。人大常委会是人民代表大会的常设机构，应该用"及其"。政府办不是统一办理区政府的公文，而是分送到有关领导和部门办理。记述政府的各项，应该按照有关的法律法规正确记述，不要出现错误。

在记述人民代表大会工作时，有的志书中多次出现"在中共市委（区委）领导下""根据市委（区委）的部署""围绕市委（区委）中心工作"等内容。人民代表大会是国家权力机关，人大常委会党组向市委（区委）请示工作是正常的，市委（区委）向人大常委会党组作出批复、指示也是正常的，但是不要记述成人民代表大会在市委（区委）领导下工作。中国共产党领导各项工作，包括政府工作、教育工作、城市建设……我们在志书中写教育工作、城市建设、环境卫生，如果在每一项工作前面都要写一次"在中共市委（区委）领导下""根据市委

（区委）的部署""围绕市委（区委）中心工作"，就会显得很啰唆、重复。只要在记述区委工作时，把有关的内容写清楚就可以了。

有一部区志，在政府编中把宗教列为其中一章，这是严重的失误。宗教是一种社会组织，不是政府的一部分。区县政府中有民族宗教办公室，这是政府机构，依法管理宗教事务。宗教团体、宗教人员，不是政府的下属机构和公务人员，宗教活动也不是政府行为。宗教应该记入社会部类，不能列入政府编。

很多志书把律师工作、公证工作列在司法行政编（章）之内，但是没有作说明，这是不妥当的。区县的司法局是区县政府的组成部门，司法行政是政府行为，《中华人民共和国律师法》《中华人民共和国公证法》规定，司法行政部门对律师、律师事务所、律师协会以及公证机构、公证员、公证协会进行监督指导。律师事务所和公证处不是司法局的下属单位，律师和公证员也不是司法局的工作人员。司法局依法对律师事务所和公证处进行监督指导。而律师执业、公证工作是法律服务活动，属于第三产业。律师和公证按照《中华人民共和国律师法》《中华人民共和国公证法》开展工作。在写司法行政编（章）时，要在编（章）前的无题述中对有关内容作出明确的说明，不要把律师事务、公证事务和司法行政混同。

在不少志书中，多次出现"地区GDP"的提法，如"地区GDP达到了……""地区GDP增长……""地区

GDP 中第三产业的比重⋯⋯",等等。据国家统计局规定,从 2004 年起,"规范地区 GDP 及相关指标的中文译名""今后'地区 GDP'的中文名称改为'地区生产总值'"。因此,在志书中不应再出现"地区 GDP",而应记作"地区生产总值"。

志书要实事求是地记述社会主义政治制度和政治活动,要符合宪法和法律,不应该有和宪法、法律不一致的内容。在编纂志书时,应该注意认真学习有关的法律法规,选择资料、使用资料、行文语言都要遵照法律法规。不要只是局限于摘录过去的简报、总结等公文,而要按照志书的要求,对资料进行整理加工。

在志书里面,绝不能出现违反党章、违反法律的情况。若出现这样的错误,属于严重的硬伤。

在志书中出现一些不符合党章、法律的情况,并不是我们的同志有意为之,而是缺乏学习,没有在修志工作中把学习党章、学习法律作为一个重要的工作要求。我们应该把学习党章、法律贯彻在修志工作的始终,从制定框架、搜集资料、审查和选择资料,到编纂、反复审查、修改,都要不断学习和贯彻党章、法律。一定要让志书有政治水平、法律水平。

三、关于敏感问题入志

我们的志书有一个优良的好传统:秉笔直书。历代的志书为我们保存了丰富而真实的资料,是我们研究社会、服务社会的重要工具。但是，秉笔直书不是什么都写，而是要注意内外有别。志书是公开出版物，要遵照公开出版物的性质选择资料、组织资料。

我们的工作很丰富，但不是把所有的工作都记入志书。有些事能做，但是不能说，不能写，要符合保密规定。各单位报送来的资料很丰富，都希望把自己的工作写全，把工作成绩写够，这是可以理解的。但是并不是所有的材料都能写到公开出版的志书中。志书是公开出版物，要注意纪律，内部的、保密的，不能写。

在党政机关工作中，有许多内部信息、文件、简报，属于保密范围。这些资料的内容不应写入志书，这些资料的名称，如有密级的内部简报、信息的名称，也不应写入。

党政机关内部经常要研究工作，提出各种方案，内部进行分析、比较、协调，不断调整改进，还要经常研究人事调整、工作变动，这些都属于内部工作，如果全都写入志书，是不恰当的。因为这些工作是在决定之前，是小范围的、动态的、不成熟的，写入志书可能造成许多误解，同时篇幅会增大。志书应该主要记述正式的决定、结论，而不是研究、讨论的过程。笔者见到的志书中，有的详细记述了政协委员产生的酝酿过程，有的记述了干部调动的研究情况，有的详细记述了有些涉及社会治安重大问题的部署、研究，这些内部工作研究是不应该入志的。记述和分析研究的过程，应该是历史著作和回忆录的记述内容。

军队的番号要按照保密规定，不要写入志书。属于国防工业、国防科技的代号厂、代号单位的有关资料，也不应写入志书。

人民防空工程的许多资料、数据、紧急行动的预案，公安工作的通信设备、电脑系统，人民武装部的武器装备，等等，都属于保密范围，不宜写入公开的志书。有的志书写了电台的频率、重要装备的分布。这些资料是否可以入志，要向有关上级请示，待得到明确批准，才能写入志书。

志书中记述台湾时一定要加上"地区"，不能把台湾地区与其他国家并列。有一部区志出现了"台湾中国国民党""台湾中国国民党名誉主席连战"这样的称谓，是很不妥当的，中国国民党前面不能加上"台湾"二字，连战是中国国民党的荣誉主席，不是名誉主席。

在工作中，会遇到一些敏感问题。在修志时，要慎重对待这些敏感问题，严格遵守有关的法律和政策，不要出现失误。

政治部类里关于政法委的记述，是个比较敏感的问题。二轮修志中，有些志书的记述过多过细，有的区县志记述政法委的内容达到 2 万字，把公安、检察、审判、社会治安、综合治理等方面的内容全都写入。我们应该注意，政法委是区（县）委的工作部门，是区（县）委领导下的工作机构，有自己的工作职责和工作范围。我们在记述时既不能越权，也不能越界。政法委是党委的工作机构，没有侦查、逮捕、审判的权力，不能越权工作。南方有一部县志记述："1993 年 4 月，县外贸总公司与上海××公司签订 10 万张三合板购销合同。县外贸总公司由于未查实对方供货及履约能力，被对方骗走 485 万元。县委得知后，决定由县委政法委组成专案组赴上海，与当地公安部门联系，经过 58 天日夜奋战，将所骗本金、利息如数追回。是年 9 月，××市第二制药厂在销售产品时，被广东汕头人吴某骗走 10 吨咖啡因，公安部、卫生部均有重要批示，要求迅速查清此案。县委、县政府责成县委政法委组成专案组，赴广东汕头、揭阳、普宁等地，摸清咖啡因下落，终于追回 7.5 吨咖啡因。1994 年 5 月，由县委政法委负责人三次带领政法干警办案人员奔赴上海、南京等地，解决××有限公司与××厂商标侵权案。""1996 年 10 月，县工业局机电公司被福州市某公司骗走 66 万元，多次催交一直未果。县委政法委负责人带领政法干警，两次去福州，与当地政法部门取得联系，做好调查取证，终于为集体挽回 46 万元经济损失。"在记述中，政法委直接组成专案组进行案件侦查、调查取证、追讨资金，这应该是公安局、检察院的工作，志书中这样记述政法委，是明显的越权。有的志书在政法委部分大量记述了公安、审判、检察工作，与公安、审判、检察各编内容互相重复，是明显的越界。因此建议在写区县志政法委的时候，要与本区县的政法委研究，也要向市政法委请示，听取他们的意见。

城管执法队伍，是二轮修志不能避开的问题。多年来，城管队伍做了很多工作，起了相当大的作用，也出现了不少争议，存在不少问题。如何写好，是个敏感问题。笔者见到了几部志书，有的长达 200 万字，竟然一个字也没有涉及城管队伍。有一部市志 253 万字，城市建设、市容园林写得很多，城管队伍只写了不到 2000 字。避开是不行的，只写成绩或者只写问题，也是不对的。北京市的《石景山区志》第十七编《城市管理》第七章《城市管理监察》中专门写了城管执法大队，分为管理体制、监察执法、专项环境整治、业务建设四节，内容比较丰富，但是缺乏对存在问题的记述，这是一个缺陷。

取缔邪教，是二轮修志期间的一个持续了很长时间的政治事件。在志书中记述对邪教依法取缔内容是必要的。但是记述内容时要符合法律，符合政策，符合保密规定。不能把内部工作、内部安排、上级的内部布置、内部要求，全都记入志书。记述时一定要慎重，要向有关上级请示。

信访工作，是党委和政府的一项重要工作，是党和政府与人民群众联系的一个渠道。信访包括申诉、求决、举报、咨询、批评、建议等，其中反映了很多问题。不必讳言，在信访中也出现了一些过激现象、消极面，但是在记述信访工作时，一定要按照有关的法律法规，不能把信访和"闹事"等同起来，不能只记信访中出现的消极面，要记全面，记信访的主流，记群众反映的实际问题，记通过信访解决的群众困难，记信访加强了党和政府与群众的联系。有的区志在写到信访时，选取的资料很片面，全是消极状况。这样记述是很不妥当的，也是很不全面的。

民族、宗教问题写入志书一定要遵守法律，遵守政策。要注意哪些是民族习俗，哪些是宗教活动，不要把民族习俗全都当成宗教活动。有的志书把民族的节庆活动、风俗习惯，都当成了宗教活动，是错误的。有的民族节日有宗教色彩，或者宗教渊源，有的则没有宗教色彩，不要都等同于宗教节日。《中华人民共和国宪法》规定："中华人民共和国公民有宗教信仰自由""国家保护正常的宗教活动"。在志书中应该如实记述宗教组织、宗教活动、宗教场所。

（作者单位：东城区史志办）

从利用工作谈志书编纂原则

王　鹏

内容提要：本文从志书利用角度，发现志书中存在的三大不足：不重视对志书中历史资料记述；资料取舍不当，深度不够；资料分散，整体性不强。从上述不足中反思，在志书编纂中，内容记述应首尾一致，保持历史的连贯性。坚持专志贵专，综合志贵全的原则。要有背景和失误的记述，避免主次颠倒，合理确定记述范围。要有记述深度，选择独特、典型的资料，对述体的充分运用。

关键词：地方志　利用　编纂原则

史志能够给人以智慧，发挥资政的效用。地方志书的利用途径有多种方式，比如从志书中抽取资料，按照有关主题，编纂成简短参考资料，提交给各级领导参考。

首轮《北京志》有 154 部分志，内容涵盖了从北京猿人开始直到 20 世纪 90 年代，除中华人民共和国成立后的中央党政军机关的活动外，对北京市地域范围内的自然、政治、经济、文化、社会的历史与现状，特别是新中国成立以来的历史变迁，作了比较全面的记述，展现了北京具有 3000 多年建城史和 800 多年建都史的历史文化名城和当代中国政治中心、文化中心的特点，所记述史实的时间长度和知识范围的广度，都是前所未有的。这实际上是对北京的历史与现状，做了一次全面系统的调查研究，是对市情、区县情、诸多行业情况的再认识。

一、从利用角度看志书不足

（一）不重视对志书中历史资料的记述

如记述古代过于简略，甚至直接省略；古与今之间看不到联系，有的还出现了完全相悖的记述；有些志书需要对历史的记述浓墨重彩，而实际操作中反而很简略。❶

（二）资料取舍不当，深度不够

有的学者指出，首轮志书看起来部头很大，字数不少，但仔细分析，却是一般性内容多，精深内容少，有深度、有价值的资料当详反略，甚至遗漏。❷ 此外，在志书中，并没有选取最主要、最典型的主流事物加以记述，而是记述了大量次要的、不典型的事物。

（三）资料分散，整体性不强，不方便查找

各分志对于同一问题的记述，都能选择好角度，但分

---

❶ 陈泽泓：《存史为修志之根本》，《中国地方志》2002 年第 6 期。

❷ 王广才：《续志加强记述深度三题》，《中国地方志》2003 年第 3 期。

志只记述该志所要反映的角度与侧面，缺少事物整体性
反映。

二、对志书编纂原则的认识

（一）关于详今略古

我们讲事物是普遍联系的，今天是历史的延续，不了
解昨天就难以认识今天。同时，不能人为地划定界限，割
断历史。对于古代部分要保证合理的"略"，要克服"重
古""无古"的倾向，要让读者能看出志书中的古与今是
一脉相承的历史轨迹。首轮《北京志·环境保护志》对
"详今略古"原则处理得较好。该志对于一些有历史渊源
的事物都做了尽可能远的上溯介绍，在"大气污染防治"
章下述中，记述上溯到了金代；"法制管理"章下述中，
记述上溯到了元代。

对于某些需要"古详于今"的志书要保持古今合理
的比例。如《平遥县志》对于"世界文化遗产"的记述，
古代部分当详则详。如第一编第二节古县城，用了 3000
多字列目详载了位置、城池、街巷、寺庙、楼阁、衙署、
店铺、民宅等项，而紧随其后的第三节新城区不到 500
字。第二十二编文物古遗址、古墓葬、石窟寺、古代建
筑、碑刻石雕等分列五章，约为 5 万字，而属于"今"的
内容即革命文物，却只用了约 2000 字来记载。

对古代部分记述要准确，要防止以讹传讹等问题出
现。如有的志书在撰写历史部分的做法是：原文照抄旧

志，将旧志资料变成现代语体文。殊不知，由于古今编纂者立场的不同和学术研究的进步，旧志中的记述已经是错误史实了，而我们仍旧沿用必然会出现问题。如《平遥县志》沿用了旧志的错误说法，称"平遥县，古陶地，帝尧初封于此"，显然是旧志牵强附会的再现。而根据多种权威历史地理古籍考证，均未将平遥与尧联系起来。❶ 对历史资料记述不准确会使得志书的准确度大打折扣，严重影响其在使用者和读者心目中的形象，让人很容易将志书与粗制滥造的书籍相提并论。

详今略古原则对于第二轮绝大多数《北京志》分志来说，仍有借鉴意义。作为续修志书，在记述中要防止首尾脱节、前后不一致现象的出现。比如由于领导执政理念的变化，主要是在理念形式上的不一致，但本质上是一致的；而编纂人员只是看到了形式上不一致，而没有关注本质上的一致，导致了记述中看不出事物发展的脉络，甚至出现了前后矛盾的问题。比如某项措施，在这一历史阶段是这样，到了另外一个历史阶段又是另外一种样子。而新的措施并不是对前一个措施的否定，正是有了前一个措施在执行中发现了问题，才形成了新的措施。这也是历史的借鉴意义，如果志书中能真实地反映出这些，无疑能更好地发挥资政作用。

---

❶ 林衍经：《自出新裁、别开生面的宏著——新编〈平遥县志〉简评》，《沧桑》1999 年增刊。

（二）关于内容记述

1. 坚持专志贵专，综合志贵全的原则

每部专业志要记述出本志角度。如《北京志·政府志》中记述北京历史上主要行政官员的品级、职责，角度选择准确。如果放在其他分志也这样记述，就不合适了。又如首轮《北京志》某些经济部类志书设篇或章内容为"多种经营"或"集体企业"，介绍工厂经营商业、服务业的情况，有违专志贵专的原则。综合性分志要全，不能在某些方面很详细，甚至超过专业志。对于本属于综合志应该记述的内容反而没有记述，显然属于缺项了。对于资料难以查找，或者编纂者不感兴趣，或者学术成果较少的方面，也应尽力补全。

2. 要有背景记述

如前述中提到的领导执政理念的变化，通过背景交代是最好的处理方式，正是有了背景的交代，才能看清楚历史发展的脉络与变化。如记述国民经济的发展速度，单纯将数据摆出来以后，能看到十几年或几十年的发展速度，发挥了存史的作用。但对于是什么原因促成的这种发展速度，比如改革开放所创造的宏观环境、经济结构的调整、经济政策的发展变化等，则要作背景资料交代清楚。只有把这些实质性的问题分析归纳好，才能把事物反映得深刻透彻。

3. 要注重对问题和失误的记述

志书中对于问题和教训记述得较少就很难发挥资政、

借鉴作用。新中国成立后，我们国家发生了巨大的变化，政治、经济都取得了巨大的成绩，这是主流，新编志书对这些成就都进行了充分的记述。但是在取得巨大成就的同时，也有不少的失误，有的失误还是很严重的。对这些失误，某些新编志书有的回避不记，有的虽然记了，但都非常简单，属象征性记述，与存真求实的要求还相差甚远，更达不到以史志为鉴的目的。

首轮《北京志·环境保护志》记述了许多人还没有正确认识经济发展和环境保护关系时，两种思想的激烈碰撞和针锋相对的斗争；记述了经济发展中发生的重大污染事故以及污染纠纷，从而暴露了在那个时期所呈现出的环保意识薄弱和环境管理、环境执法存在的缺陷等问题。

4. 避免主次颠倒，合理确定记述范围

志书编纂者要紧紧围绕志名，围绕章节名称所确定的内涵与外延，力求简洁，严格控制志书篇幅。与记述主体、主线关系不大的内容，应坚决去除。志书资料性的大小，资政价值的发挥程度，与志书的篇幅并没有直接关联。字数多，不代表资料和信息含量就大。如果只记述了一些一般化、表面化的内容，到处都是资料的堆砌，逐年流水账式的记述，这显然不是志书，充其量就是资料汇编。志书利用者很难从这样的志书中找到需要的资料。

（三）关于记述深度

1. 选择独特、典型的资料

选择典型、独特的材料，如实记述，交代清楚前因后果，即能给读者一个基本判断。首轮《北京志·审判志》注重对典型案例的记述，以突出北京法院审判工作的特色。志书中记述了杨汉民烟毒案、杜恩铭偷漏税款案、武克强贪污受贿案和重婚案等代表着不同历史时期司法政策的侧重点。

有的学者提出"加大原始资料的比例，利用报刊中一些报道、深入社会底层的采访"❶。还可以利用社会调查和调查研究类文章，如萧山市志办为编好志书，开展了大规模的社会调查，志书大量利用社会调查的资料，收到了良好效果。如果没有开展社会调查工作，本系统本单位一些现成的调研成果，不妨利用起来。

2. 对述体充分运用

注重综合分析。新方志不能只记不述或重记轻述，可以考虑形成总述、概述、无题小述和一般性记述等多层次述体，发挥各层次述体的作用。对一般问题，进行综述或简述，不是只简单地罗列现象，而是通过述体使事物反映得更全面准确。

3. 要增强可读性

文字在要求简练、朴实的同时，也应讲究文采，努力使语言生动优美。如《北京奥运会志》在记述"奥运人家"中，收录了一个具体的住宿实例："西城区什刹海金丝胡同 12 院的奥运人家迎来了首批入住的海外游客。这

---

❶ 陈泽泓：《控制篇幅与继志创新的思考》，《中国地方志》2001 年第 5 期。

个四合院具有寻常百姓人家的恬淡细腻气息，石榴树、香椿树郁郁葱葱，一个个小葫芦从枝繁叶茂的棚架上垂下。房主参照国外家庭旅馆的模式扩建了厨房，烤箱、咖啡机、刀叉一应俱全……"记述了北京奥运会期间这样一个生动的例子，既能说明问题，又能增强可读性。

（四）拓宽资料来源

1. 应注重实地考察

志书编纂中，应注重到事件发生的实际地点去考察，这样有利于与档案资料相互印证。通过印证，能证明档案资料的准确性，同时也会发现档案资料和相关书籍中存在的误差，以达到志书"存真"的目的。如石景山区地方志办公室在首轮修志中，通过实地考察，纠正谬误。❶

2. 加大对口述资料的利用

通过口述采访形成的口述资料，是地方志书重要的资料来源之一。而在修志实践活动中，口述资料往往被忽视。在收集资料和志稿编纂中，应注重口述资料。口述资料能为一些重要史实提供线索和佐证，能用来验证文字资料是否正确，有利于进一步挖掘资料。

三、利用工作与编纂工作互相促进

专题类信息的编纂，在某种程度上讲，可以理解为志

---

❶ 杨博贤：《确保资料的真实性是修志工作者的第一要务》，《中国地方志》2008 年第 11 期。

书编纂工作的延续。在这一过程中，编纂工作与利用工作有机地结合在一起。首轮《北京志》出版工作即将完成，首轮各区县分志在几年前已经全部出版，大量有分量的地情书籍，如《北京胡同志》《北京风物图志》《北京古镇图志》《北京名人故居》等的编纂与出版，北京市的地方志书利用工作一定会迎来新的春天。

（作者单位：市地方志办）

关于人物入志标准及其
确定原则的思考

尹树国

内容提要： 第一轮社会主义新方志已出版的成果中，人物入志特别是人物立传是一个弱点。这与人物入志工作的复杂性有关，与没有明确的人物入志标准有关，也与修志实践中对确定人物入志标准的原则认识不清有关。本文探讨并提出了人物入志的两条标准及确定这些标准的五条原则，希望可以为确定人物立传的标准提供一孔之见。

关键词： 人物　入志　标准　原则

与旧志相比，在第一轮社会主义新方志已出版的成果中，人物入志特别是人物立传是一个弱点。有学者甚至提出了"见事不见人"的批评。这与人物入志工作的复杂性有关，与没有明确的人物入志标准有关，也与修志实践中对确定人物入志标准的原则认识不清有关。

人物入志有"以事系人"、传、事略、表、录等形式，其中立传的标准是修志界争论最多的问题之一，也是从事志书中人物传编撰的人员最难以把握的问题之一。学者和一线修志人员对此进行了长时间的探讨，提出了很多具体的标准。其中影响比较大的有董一博先生提出的"四个为主"——以本籍为主，以正面人物为主，以人民群众为主，以近现代为主。笔者不拟对已有的人物立传标准进行复述和评价，有兴趣的读者可以参考诸葛计先生的《中国方志五十年史事录（1949～2000年）》一书中的相关内容和张景孔先生的《对人物志编写研究的综述》一文中的相关部分。本文准备探讨的内容是人物入志的标准及确定这些标准的原则，希望可以为确定人物立传的标准提供一孔之见。

一、人物入志应遵循两条标准

人物入志没有统一的标准。在所见修志文件中涉及对人物的规定，多是从为人物立传的角度进行的。与一线修志人员的讨论可知，最理想的人物入志标准是以人物在历史上所起的作用大小为标准，无论是正面的作用还是反面的作用；最不理想的标准是以人物的级别为标准。但是，实践证明，这二者之间存在着科学性和可行性的矛盾。最理想的标准最不便于操作，最不理想的标准最便于操作。

由于现有的规定中仅对"人物立传标准"有所规定，所以第一个要解决的问题，是应当如何看待人物入志标准与人物立传标准的关系。这个似乎不能称其为问题的问题，可以从三个层面来理解：一是什么是"入志人物"，即人物入志的标准；二是何谓"立传人物"，即人物立传的标准；三是人物入志与人物立传的标准之间是什么关系。很明显，这两个标准既有交叉，又各有侧重。因为从逻辑的角度来说，没有人物入志，何来人物立传？人物立传不过是人物入志的表现形式之一。既然人物可以立传，当然也就同时满足了入志标准。也就是说，人物入志的标准可以全面涵盖人物立传的标准，后者是以前者为前提的。

基于上述认识，以下笔者将从对人物立传的标准中推导出人物入志标准。在作为对第一轮修志经验进行总结并用来对第二轮修志进行指导评价的《地方志书质量规定》中，有三条针对人物立传的规定："立传人物为在本行政区域有重大影响者，以及本籍人物在外地有重大影响者。""生不立传。在人物传、人物简介、人物表以外记述人物，以事系人、人随事出。记述人物准确、客观、公允。""人物传记述传主的生卒年月、籍贯（出生地）、主要经历、典型事迹、个性特征、社会评价等。人物简介略记人物履历及主要事迹，不面面俱到。人物表要素不缺。"其中，第三条是写法，与标准无涉，故不做讨论。

解读第一条，可以发现人物立传的三项标准：本籍人物在本地有重大影响者、外籍人物在本地有重大影响者、本籍人物在外地有重大影响者。如果将这三条同时视为人物入志的标准，似乎问题不大。三条标准的关键词是"有重大影响"，限定词是"本地""外地""本籍""外籍"。这个"有重大影响"，又包括了正面影响和反面影响，也就是正面人物和反面人物都可以入志。在具体实践过程中，又存在着不同情况：一是"本籍人物和外籍人物在本地有重大影响者"中的"重大影响"如果是正面的，入志是比较好操作的；如果"重大影响"是反面的，则不太好操作——修志人员的种种顾虑导致这类人物很少入传，有时甚至都无法记述到司法志的相关案件中。二是"本籍人物在外地有重大影响者"入志不好操作，既因为"在本地"的限定词使得志书人物传、表、录以外的其他体裁中没有这部分人的位置，也因为限于信息掌握得不及时和外地资料的难以收集使这类人物入志十分困难。

解读第二条，可以发现"生不立传"的时间性规定显然不能直接作为人物入志的标准，因为断限内的历史并不仅仅是由立传的人物创造的，下限外还在世的人物若在断限内有重大影响者，也应当入志。所以，人物入志的标准中，在时间的标准上可以表述为：非死亡于上限之前、非出生于下限之后的在规定时限内有重大影响的人物，都可以入志。

在具体实践中，修志人员对这类人物基本上是采用"以事系人、人随事出"的方法进行记述。中国地方志指导小组《关于地方志编纂工作的规定》作了明确规定和强调："在世人物不立传，凡在世人物确有可记述的事迹，应在有关篇章节目之中予以记录。""人物志要坚持生不立传的原则，在世人物的突出事迹以事系人入志。"原则不是标准，是制定标准的标准。"以事系人、人随事出"二者的关键词是"事"，而这个"事"仍不能脱出第一条所确定的"有重大影响"这一标准。所以，中国地方志指导小组的规定，强调了人物立传的标准，却没有给出人物入志的标准。

综上推论，人物入志的标准，可以确定为两条，而且运用时必须同时得到满足：第一条，非死亡于上限之前、非出生于下限之后；第二条，本籍人物在本地有重大影响者、外籍人物在本地有重大影响者、本籍人物在外地有重大影响者。

二、确定人物入志标准应遵循五条原则

结合以上确定的两条标准以及学界、方志界对于人物立传标准的思考，笔者认为，确定一套人物入志的标准，至少应该符合以下五条原则，其中必须同时符合第一、第二这两条原则。

（一）根据志书的空间限定性来确定人物入志的标准

与其他体裁的书籍尤其是与史书相比，志书最显著的特点是空间上的限定，可以称之为"此地性"。这个特点对于确定人物入志的标准具有不可替代的作用，是确定人物入志标准的第一原则。空间上的限定，可以理解为具体志书所限定的地域范围或行业、部门范围。以平常所说的地域性为例，又可以分为并列的两个层次，一是所确定的人物必须属于本地域，即被确定入志的人物首先一定是属于这个地域之内的，无论此人是本籍还是外籍，是正面还是反面，无论其在所限地域之内居住、生活、工作时间长短；二是与该人物有关的事迹必须发生于本地域，无论其所起作用大小、影响好坏。

（二）根据志书时间上的限定性来确定人物入志的标准

志书时间上的限定性是一种"此时性"的限定，这又可以分为两个层次，一是入志的人物本身必须处于所限定的时间要求之内，其中的特殊性在于，入志人物生命的结束时间必须处于所限定时间的下限之前，即所谓的"生不立传"；二是所记述的人物的事迹必须发生在所限定时间要求之内，其中的特殊性在于，对于有很大影响但不属于所限定时间内的"此地性"事迹可以作适当追述。如入志人物的生命结束于志书上限的第二年，则其所有的"此地性"事迹绝大部分都发生于所限定的时间之外，如果不允许作追述，则必定会在事实上造成丢失历史人物及其事迹的缺憾。清朝时期规定志书 60 年一修，应当也是从人的平均寿命的角度考虑，尽可能减少"此时性"所带来的缺憾。

（三）根据志书人物的特点来确定人物入志的标准

志书人物的显著特点是由志书的"此地性"和"此时性"特点决定的，即不负责记录一个人一生中所有的事迹，而只记录在特定时空中发生过的事迹。这说明志书中的人物传有全传，但也有相当一部分属于传略性质。人物的影响，可以分为全国性的影响和地方上的影响，对于志书来说，所记述的应当是以地方上的影响为主。这里面又分为三个层次：一是对于进入史书人物传中的人物，应当以史书中的"此地性"和"此时性"内容为主，补充相关内容；二是对于进入旧志书人物传中的人物，应当是有改无删；三是对于新确定的立传人物，应当从发挥志书功能的角度出发，对其"此地性"和"此时性"的事迹详加记述。人是活动的，古代和现当代的人的流动只是规模和身份上的区别，同一个人，因为工作、生计等关系，可能会从甲地到乙地，再从乙地到丙地。如果他在三个地方都居住了一段时间并都有相当的影响，则三地的志书人物传中都应当收录这个人。

（四）根据志书中人物传的比重确定人物入志的标准

这里面又分为两个层次：一是人物传在整部志书中的比重。明清时期的志书中，人物传的比重基本上都占到了30%以上，有的还超过了40%。如果在确定入志人物立传的标准之前先确定了人物传在整部志书中的比重，自然就可以比较容易把握人物入志标准的宽和严。二是各类人物在人物传中的比重。志书中人物传的编排特点是以类系人，即所有的立传人物都属于不同的类别，每一类别中的人物事迹都突出同一类主题，如宦迹、选举、文苑、乡贤、仙释、列女、孝义、方技、隐逸等。这说明每一类人物中都有一个量的要求，而这本身就已经对人物入志的标准产生了重大影响。

（五）根据修志的功能来确定人物入志的标准

我们强调修志的功能是"资治、存史、教化"。"资治"，以史为镜，可以知兴替。"存史"，一是志书资料详于史书，这里面又有两层含义，史志同收的人物，志的详于史；史书未收的人物，志书选择收录，可补史书之不足。二是志书备史书采用，而不是相反。"教化"是针对人的。教是教育，化是统一，是移风易俗，是教人效仿。教化的目的是为了让人模仿正面的人和事，戒除反面的人和事。人是历史的创造者，人物是志书中不可缺少的记述元素。所以，基于修志功能的要求，也是确定人物入志标准必须遵循的原则之一。

人物入志的标准肯定不止本文所提出的两条，确定人物入志标准的原则肯定也不止以上五条。本文的写作只是基于对第一轮社会主义新方志"见事不见人"的批评的一种回应。

（作者单位：市地方志办）

引入技术手段　服务志鉴编纂

王　锦

内容提要： 自 2005 年起，经过探索实践与优化调整，中关村管委会逐步搭建起中关村志鉴编纂知识管理平台，对内为中关村综合性志鉴工作提供信息系统支撑，实现参编单位通讯员与编辑人员的稿件交流与互动；对外为志鉴编纂动态和成果的发布提供平台，多种形式展示中关村的历史沿革与发展变化。目前中关村管委会已经利用志鉴平台搭建起编辑部、参编单位协同编纂的工作体系，志鉴网站也成为了中关村的权威史料中心。

关键词： 协同编纂　知识管理　信息化

一、志鉴平台建设背景

随着中关村管委会志鉴工作的逐渐开展，志鉴平台的建设也逐步深入，经历了从简单的栏目信息展示，到史料收集与审核平台，再到志稿撰写、志稿展示与公众建议平台，以及志鉴编撰知识管理平台的变化过程。

　　2005 年年初，为配合志书编纂工作的开展，中关村管委会在中关村科技园区网站上开设了《园区志》栏目，通过信息网络及时把园区志编纂情况通报给编纂人员。但是，很多有价值的资料仍掌握在企业的手里，应用传统志书编纂方式难以完成预定目标。为此，中关村管委会提出要利用信息技术搭建平台，让企业、科研单位、专家等参与到史料收集、志稿编纂等工作中，同时为编辑人员搭建撰写空间，提高编撰效率，加强沟通联系。中关村居委会先后搭建起史料收集与审核平台、志稿撰写与审核平台，有近 300 家单位通过平台提交史料，征集稿件约计 8000 多条、100 余万字。

　　志书编纂工作告一段落后，为加强志书展示、方便志书建议征集，中关村管委会于 2007 年提出建设志书浏览知识平台，通过搭建网站多种形式展示志书资料稿、初稿及成稿，并为公众提供便捷、友好的发表建议的环境，为专家创造提交审核意见的工作空间，为编辑部提供内容发布及意见查看的管理平台。

　　中关村年鉴编撰工作启动后，中关村管委会要求史志办公室对原志书编撰平台进行升级扩容，从系统功能整合的角度出发，统筹考虑，统一搭建中关村志鉴编撰知识管理平台（简称志鉴平台）。经过五年多的不断完善，目前志鉴平台的功能能够满足年鉴通讯员稿件收集、与编辑部进行沟通，编辑部对稿件进行编辑加工和核实、与出版社传递稿件，编辑部对年鉴稿件的统计管理的需要。同时，志鉴网站为中关村志鉴成果的展示提供了便捷、高效的平台，也为中关村管委会对外宣传、社会各界查询志鉴信息提供了方便。

二、志鉴平台功能介绍

（一）平台定位

志鉴平台定位于中关村志鉴编纂工作、互动沟通、展示平台。作为编纂工作平台，志鉴平台为参编人员提供了便捷、高效的协同写作平台，支持通讯员与编辑部的稿件收集、处理、反馈等工作；作为互动沟通平台为通讯员、编辑部以及出版社的工作联络和信息沟通提供支撑；作为成果展示平台，志鉴网站通过图片、文字等多种形式展示中关村志鉴工作成果，如中关村志、历年中关村年鉴、年鉴图片和大事记等志鉴编纂成果。

（二）组成结构

中关村志鉴平台集志鉴编纂及展示功能为一体，主要由志鉴编纂系统、志鉴展示网站两部分组成。其中，志鉴编纂系统包括年鉴编纂子系统和资料长编编纂子系统两部分，分别用于支撑编辑部、各参编单位及通讯员开展中关村年鉴、中关村志的撰写工作。目前，年鉴编纂子系统已经投入使用，资料长编编纂子系统在原志书知识管理平台基础上进行了升级，并拟在中关村志资料长编编纂工作中进行使用。志鉴展示网站主要面向政府机构、企事业单位、科研单位及公众等用户，通过志鉴动态报道、志鉴成果展示等栏目进行工作宣传及内容检索。

（三）功能介绍

整体来讲，中关村志鉴平台的主要功能可以概括为以下几方面。

一是原始资料留存备查。全面、完整保存志鉴编纂工作中所有相关的文字、图片等素材。

二是编纂过程全面支持。提供从稿件收集、互动、反馈到编辑部内部分纂、总纂的全过程管理支撑。

三是志鉴成果综合展示。提供志鉴编纂动态信息、志书文本、年鉴文本及相关图片信息等的展示平台。

1. 年鉴编纂子系统主要功能

年鉴编纂子系统由通讯员平台、编辑部平台两部分组成，面向编辑部及参编单位，重点提供通讯员年鉴编纂和编辑部年鉴编纂功能。

通讯员年鉴编纂功能，包括通讯员原始稿提交与管理、图片上传与管理、编辑部初稿核实反馈、个人信息管理、稿件统计、无稿件零报告、移动设备短信消息和电子邮件即时提醒、通讯录查看及年鉴编纂知识文件下载等功能。

编辑部年鉴编纂功能，包括通讯员原始稿查看与审阅、编辑部初稿提交与管理、年鉴分纂与总纂、年鉴终审稿管理、图片信息管理、通知发布、稿件统计及邮件催办、稿酬及通讯录管理等功能。

2. 资料长编编纂子系统主要功能

资料长编编纂子系统对原志书编撰平台进行升级改造，重点提供资料长编稿件的分类收集、整理、意见反馈以及编纂功能。

3. 志鉴展示网站主要功能

志鉴展示网站重点面向公众，通过实时信息发布展示中关村志鉴工作动态，并提供志书、年鉴每一篇章节目的内容查看及检索功能。另外，网站用户可以按照年度查看中关村自创建以来的大事记信息，还可以查看志鉴图片信息。

（四）平台特色

1. 按稿件状态进行分类管理，方便用户使用

根据年鉴编纂的工作阶段将稿件分为原始稿（包括待审核原始稿、待修改原始稿、已通过原始稿等）、初稿（包括新建初稿、待审核反馈初稿、已核实反馈初稿等）、分纂稿、总纂稿、终审稿等类。在原始稿和初稿处理中，又按照稿件的处理状态进行了分类。这种分类可以帮助使用者快捷、准确地了解稿件状况，处理逻辑也更加清晰。

2. 稿件修改记录留存，便于追溯查找

在稿件审核过程中，对于需要进行修改、调整的稿件，系统会自动保留稿件的历史版本和修改记录，将稿件修改的全过程保存下来，便于日后查找。

3. 利用分类图片库，进行图片统一管理

按稿件分类创建原始稿图片库、初稿图片库、分纂稿图片库、总纂稿图片库和终审稿图片库，并将各类稿件相关联的图片自动提取出来，统一展示在对应的图片库中，方便编纂人员进行图片筛选、利用及处理。

4. 自动统计稿件情况，实时掌握工作进展

提供原始稿统计、终审稿统计以及图表统计功能，方便编辑部及时了解稿件收集、编纂进度，有助于编纂人员根据年鉴编纂需求合理安排工作。

5. 移动设备即时提醒，提高稿件编纂效率

稿件核实反馈、志鉴工作会议、重要通知等向参编单位通讯员发送移动设备即时短消息和邮件，缩短稿件反馈和沟通时间。

三、志鉴平台主要工作回顾

（一）年鉴编纂子系统开发试用

1. 系统设计开发及使用培训

2009 年 3 月，中关村年鉴编纂子系统正式启动开发。经过需求调研与分析、Demo 设计与沟通、系统设计及编码、系统测试及部署等几个阶段的工作，通讯员平台于 2009 年 5 月正式向参编单位发布，编辑部平台于 2009 年 6 月正式上线。同时，在此期间对通讯员及编辑部编辑人员进行培训，使通讯员及编辑人员尽快熟悉平台功能，利用平台开展年鉴编纂工作。

2. 系统运行效果

年鉴编撰子系统投入运行后，自《中关村年鉴 2009》开始，年鉴编纂均通过该平台开展编纂工作，平台的试用也得到了参编单位通讯员、年鉴编辑部的大力支持。在《中关村年鉴》编纂中，大多数通讯员都能按照编纂方案的要求，按时通过志鉴平台将稿件传送到编辑部。

在《中关村年鉴》6 年的编纂中，通过中关村志鉴平台，编辑部共收到 100 余家参编单位提供的稿件，共计 31413 条、952 多万字、6015 张图片，全面完成了稿件征集任务。

（二）志鉴展示网站全面改版

1. 网站设计理念

中关村志鉴展示网站定位于中关村志鉴编纂工作宣传以及中关村志鉴成果展示窗口，向外界实时发布志鉴编纂工作动态信息，并提供志鉴文本查阅、检索功能。基于网站的功能及展示内容，在网站上既要体现史志工作的庄重感、历史感，同时又需要融入一些新时代的元素，一方面为吸引眼球，另一方面也可以避免网站过于沉闷。

网站主色调选择了古铜色，庄重、肃穆，饱含着悠久历史和传统的古典美感，同时也传递出一种值得信赖和可靠的感觉；辅色调选用了浅黄色，调节了大面积使用古铜色带来的沉重、闷暗和压抑感。

在网站设计思路上，采用古铜色搭配类似宣纸的大背景，烘托出很强的历史感。同时，为了更好地体现这种古典的韵味，设计元素运用了卷轴效果，并力求让色彩变得柔和，体现简约，整体使浏览者感觉舒适。在网站设计细节上，为与古典简约风格达到一致，运用了繁体字、窗棂边框、花饰边框底纹等，使网站更加丰富、活泼。

2. 网站改版主要内容

为更好地展示中关村志鉴工作及成果，网站改版的重点集中在以下几个方面。

网站版面设计：重新设计志鉴展示网站页面架构，由专业美工人员对网站页面风格进行重新规划，并进行页面设计。

史志内容展示：增加中关村志、中关村年鉴的 PDF 版本以及页面文本两种展示方式，方便网站访问人员进行查阅。

全文检索功能：增加中关村志、历年中关村年鉴全文搜索功能，分类显示检索结果。

史志图片展示：增加中关村志、中关村年鉴收录的前彩插图片分类展示功能。

此外，还增加中关村自创建以来历年大事记信息、志鉴资料下载专区以及志鉴信箱等内容。

3. 改版效果

新版志鉴展示网站于 2010 年 9 月正式上线，改版后网站风格更加统一，既突出了史志内容的严肃感，又通过引入互联网时代的新元素，增加了网站的活力和时代特色。另外，改版后网站内容更加丰富，作为中关村志鉴工作的展示、宣传窗口，更好地支撑了史志工作的开展。

四、创新点：用高科技手段撰写高科技的历史

1. 志鉴平台的使用开创了史志编写工作新模式

利用互联网平台让企业、公众参与到中关村志、中关村年鉴的编撰工作中，让史志的编写工作从少数专家学者的撰写转变成为以各园区管委会、产业基地、专业园、大学科技园及海创园、协会联盟及中介服务组织等群体共同

参与的写作方式，是志鉴撰写方式的重大创新。

2. 志鉴平台全方位支撑起史志编纂及展示工作

志鉴编纂系统将中关村志、中关村年鉴编写过程中，参编单位提交的原始稿件、编辑部的修改稿件以及分纂、总纂稿件等全部以电子文档的形式保存下来。一方面有助于史志的编写成为持续更新的过程，另一方面也为今后研究中关村发展史提供了分析资料，有利于较全面地掌握中关村园区、产业及企业的演变与发展的情况。志鉴展示网站充分利用信息化时代互联网的使用价值，全面展示了中关村的发展历程，通过定期向社会发布动态信息、志鉴图片及书稿内容，为领导部门决策、制定规划提供借鉴，为社会各界了解、研究中关村，以及为开展国内外的交流提供最权威的信息。

3. 持续开展增强改进工作，实践中关村自主创新口号

中关村志鉴平台的建设是一个逐步深入的过程，随着志鉴工作要求的不断提高以及信息技术的更新换代，平台的功能也将不断深化。未来，将重点着眼于应用，以满足中关村志鉴工作需求为根本出发点，适度采用新技术，将平台建设得更加简洁、更加人性化、更加智能化。

（作者单位：中关村科技园区管理委员会）

亟待规范村志编修工作

——关于推进房山区村志编修工作的调查与思考

李桂清

内容提要：本文立足房山区村志编修工作基本情况，全面分析全区村志编修工作取得的成绩和存在的主要问题，从提高认识、加强领导、完善制度、培养人才等方面提出建设性建议，旨在全面推进全区的村志编修工作，把乡村的政治、经济、文化、社会、生态等村级资料作为存史、资政、教化的文献资料保留下来，为继承、弘扬优秀传统文化和社会主义核心价值观做出贡献，为本村开展爱家乡、爱祖国教育奠定基础。

关键词：规范 村志 编修

截至 2011 年年末，房山区有 461 个行政村和 3 个变为社区的村。村级建制是全区政权建设的基础，是全区经济社会发展的基础。乡村文化是中国文化的源泉和基础，乡村生活模式和乡村文化传统更深层次地代表了中国历史传统。2014 年在第五次全国地方志工作会议上，李克强总理作了重要批示：地方志是传承中华文明、发掘历史智慧的重要载体，存史、育人、资政，做好编修工作十分重要。打造房山文化大区，传承中国历史文化，应该对全区乡村文化有一个全面系统的记述、整理、存史过程。近年来，随着全区"三化两区"特别是农村城市化建设和山区产业转型步伐的加快，人们祖祖辈辈聚居的村庄正在逐渐消失，而且消失的步伐在不断加快。依据全区发展规划，近几年将有200个左右的行政村陆续消失。全区农村居民、干部和社会有识之士，对编修村志、存史乡村文化、留下乡愁和记忆的呼声越来越高，越来越迫切。2006年国务院颁布《地方志工作条例》后，房山区的修志工作更加蓬勃发展，基层修志的积极性也随之高涨。

房山区史志办公室聘请修志专家组成课题组，对全区村志编修工作进行了深入的调查研究，现将调查研究情况汇报如下。

一、房山区村志编修工作基本情况

1982年5月，中共房山县委领导下的房山县志编纂委员会办公室成立后，直到1999年9月，始终全力编纂《房山区志》《房山百科全书》等。2005年，磁家务等村开始村志编写工作，区史志办公室分别对这些村志的编写进行了指导。2006年5月31日国务院颁发《地方志工作条例》，2007年7月5日，北京市颁布《北京市实施〈地方志工作条例〉办法》。《地方志工作条例》规定："县级以上地方人民政府负责地方志工作的机构主管本行政区域的地方志工作。"明确要求区地方志工作机构必须依法履行区地方志职责，即"组织、指导、督促和检查地方志工作"。虽然《地方志工作条例》和《北京市实施〈地方志工作条例〉办法》没有把编修乡镇村志确定为工作任务，但房山区史志办公室贯彻落实《地方志工作条例》精神，特别是考虑房山区农村城镇化、城市化进程和农村基层干部群众要求，拟启动全区村志编修工作，但由于经费等诸方面原因，始终没有进行。所以乡镇村志特别是村志编写工作，基本处于自发状态，但希望编修村志的行政村不断增多。截至 2014 年 2 月底，全区有近 30 个村组织了村志编修工作，已编修出版村志 16 部，正在编修中的村志 10 部。

二、房山区村志编修工作取得的成绩和存在的主要问题

（一）取得的成绩

在新中国成立前，记述一个村经济社会发展的资料很少，新中国成立后记述一个村经济社会发展的资料又大多没有保留下来，而新中国成立已经近 70 年，要全面记述一个村从成村到现在的经济社会发展历程，资料来源难度非常大，所以编修村志是一件非常不容易的工作。通过调查分析已经成书的村志和前一段实际的村志编修工作，我们认为，首先要肯定部分村完成志书编修工作对全区村志编写工作的示范引导和促进作用。

1. 奠定了开展村志编写工作的基础，对推进全区村

志编写工作的示范作用显著

已经成书的部分村志，能够做到较全面、较系统地记述各村的自然、政治、经济、文化、社会和风土人情等，较为全面地记录了一个村的历史演变和社会风貌，呈现了一个村的经济社会发展特色，展示了一个村经济社会发展的风貌，为继承、弘扬优秀传统文化和社会主义核心价值观作出了贡献，为本村开展爱家乡、爱祖国教育奠定了基础。

2. 积累了村志编修的一些经验，对推进全区村志编写工作具有一定的借鉴意义

考察各村村志编写工作的进程，我们可以明显看到，决定一个村村志编写工作顺利完成并具较高质量水平，重要的是四个因素：一是村领导能力水平较高，村里经济社会发展比较好，特别是村里比较稳定；二是村领导重视，对编修村志具有一定的认识和积极性；三是村里具有一定的经济实力，愿意承担、能够承担相应的费用支出；四是能够组织或委托确实具有村志编修能力的编修人员。凡是具备这四个因素的，村志编写工作一般都开展得比较成功。

3. 探讨了村志的结构特点

村志作为综合志的一种，具有一定的特殊性。已经编修的村志，对于村志资料的征集方法、村志事物的分类方法、村志篇目设置与记述方法等，都做了初步探讨，为进一步开展村志编写工作提供了一定的借鉴经验。

（二）存在的主要问题

村志是全面系统记述村内自然、政治、经济、文化和社会历史与现状的文献性资料，是市、区志书的延伸和补充，是地方志的重要组成部分。编修村志，必须贯彻执行《地方志工作条例》和《北京市实施〈地方志工作条例〉办法》的要求，依法编修。通过调查分析已经成书的村志和前一段的村志编修工作，我们看到，部分村志及村志编修工作是存在一定的问题和不足的。

1. 村志管理体制不完善，职责不明确

虽然《地方志工作条例》和《北京市实施〈地方志工作条例〉办法》明确了区史志办公室"组织、指导、督促和检查地方志工作"的领导管理职能，但并没有把编修乡镇村志确定为区县地方志工作任务，也没有明确乡镇村必须编修乡镇村志。但面对农村的巨大变革，特别是大量村庄即将消失的现实，抢救乡村文化的职责、任务迫在眉睫，需要尽快明确编修乡镇村志的职责任务。

2. 志书体例不规范

在现有的村志编修工作中，一是有相当部分的编修人员不明确志书体例的特点，特别是不明确志书写作的特点，有的侧重于文学，有的侧重于通讯报道，有的侧重于工作总结，相当一部分作者区分不清志、史、通讯报道、总结、传记等各种文体的区别；二是对村志事物分类不清楚，不明确村志事物如何分类，横排不科学，漏了项目，纵写不系统，口号式的东西多而史料性的内容少，涵盖不了本村的全貌，看不出本村特点；三是不明确方志"客观记述"的基本要求，滥用文学、公文等表述方法、修辞方法。

3. 志书资料不翔实、不准确

由于村落的年代久远，文字档案资料难以寻找，大部分当事人年事已高，编修者缺少房山基本的历史知识和农村生活经历，给资料收集带来较大难度。志书中相当部分的资料不翔实、不准确，一些重大事项缺乏时代背景、意义、目的等。

4. 志书内容不规范

村志是记述村级事物的文献资料。在现有的村志编修工作中，存在很多内容不规范的问题。一是对村级事物的内涵缺乏系统的认识；二是缺乏明确的入志规范，对哪些事物入志、哪些事物不入志没有规范，该入志的没有入志，不该入志的入了志；三是对事物的表述、评价不准确、不客观；四是有的村志成为为现任领导歌功颂德、树碑立传的工具。

5. 编修者素质参差不齐

现有的村志编修人员，主要是退休的教师和机关事业单位干部、文化企业职员、大学生村官等，大部分没有修志的经历，没有参加过修志专业培训，属于"半路出家"，其中相当部分人不了解房山区乡镇的历史发展，没有扎实的农村工作生活经历，由此造成编修人员业务素质参差不齐。

三、对策和建议

村志是保存政治、经济、文化、社会等村级资料的最佳载体。乡村文化是传统文化的重要发源地，是房山文化的重要组成部分。面对一些村落已经或行将消失的历史现实，编修村志，抢救乡村历史文化，是摆在区、乡镇、村各级领导面前的一项紧迫任务。因此，全面推进全区的村志编修工作，刻不容缓。

1. 提高对编修村志工作的认识

房山区工业化、城市化、现代化的进程，本质上也是乡村社会变迁的过程。村志所记的村民村事，是村民看得见、感受得到的日常生活事例，体现了浓厚的乡土味，散发着纯朴的农民味，农民感到特别亲切，特别有说服力和感染力。好的村志，能够为村民提供感受家乡、热爱家乡的生动教材，能够正确而又适度地调动人的恋乡恋村情结，既可教育今人，又可启迪后代。编修村志，把乡村的政治、经济、文化、社会、生态等村级资料作为存史、资政、教化的文献资料保留下来，不但是房山文化建设、精神文明建设的重要成果，也是新时期顺应干部群众呼声、利村利民的实事工程。

2. 建立领导工作机构，加强组织领导

为确保村志编写工作顺利开展，做到领导到位、机构到位、经费到位、队伍到位、条件到位，应当成立由主管领导任组长、史志部门领导任副组长、相关部门为成员的区村志编纂工作领导小组，区史志办公室为具体工作部门，加强对村志编写工作的研究、规划，制定相关政策规定，确保村志编修工作任务落到实处。

3. 建立完善工作制度，明确职责任务

要贯彻落实《地方志工作条例》和《北京市实施〈地方志工作条例〉办法》，建立村志编修工作制度，形成区、乡镇、村三级共同负责的工作机制。一是明确区史志办公室"组织、指导、督促和检查"村志编修工作职责，加强对全区村志编修工作的规划、协调、检查、指导、监督和督促；二是明确乡镇办事处对本地区村志编修工作具体组织、管理的职责、任务、要求，具体承担本地区村志编写工作任务；三是明确村级组织具体编修本村村志的职责、任务、要求，具体承担本村的村志编写工作任务。

4. 建立完善管理制度，确保工作进度和质量

没有规矩不成方圆。一是明确村志编修工作的指导思想、基本原则等，明确村志编修的基本要求；二是明确村志编修的质量标准，坚持质量第一，把质量意识、精品意识贯穿于村志编修工作全过程，努力编成精品良志，确保全区村志编写工作水平和质量；三是建立三级资金保障机制，对凡是符合村志编修质量要求且正式出版的村志，由区财政奖励一部分，乡镇财政补助一部分，村行政具体承担一部分；四是建立备案审批制度，凡是村志编修，要由区史志办公室备案，经区村志评审委员会评审指导合格，方可报送出版社出版。出版后，由区财政给予奖励。

5. 加强村志编修人才队伍建设

没有较高素质的村志编修人员队伍，村志的质量就无从谈起。区史志部门和乡镇办事处，一是为村志编修工作把好编修人员素质关，指导乡镇、村干部做好选聘人才的工作，注意从本村文化素质较高的文人中选聘，如果村里的人不能胜任，区史志办公室和乡镇办事处应当主动承担起为村里推荐编修人员的责任；二是由区史志办公室牵头，加强对全区村志编修人员的专业培训，为全区村志编修工作提供人才保障。

（作者单位：房山区史志办）

关于续志上限及模式的思考与探讨

李　云

内容提要： 本文认为，续志一般为断代模式，即上限与前志的下限相衔接，下限仍是统一规定的年限。续志的某些部分必须要突破"一刀切"的上限，实行原则性与灵活性相结合的弹性上限，即在绝大部分编章实行"一刀切"的基础上，允许少数编章、个别地方突破上限。

关键词： 续志　上限　模式

如果说社会主义新方志事业的首轮修志是开创性工作，那么第二轮修志仍具有开创性。为什么这样说呢？因为两轮修志的目标、任务、成果、条件、社会背景等毕竟不完全相同，不是简单的"重复"。仅以成果为例，首轮修志成果（中间产品、副产品除外）是第一批社会主义新方志，一般称为前志。第二轮修志所产生的成果，一般称为续志。续志与前志，有共同之处，如记述对象、基本属性、基本功能等；也有很多不同之处，例如基本模式（仅以记述时间范围为标准）就不甚相同，前志一般是贯通古今模式，即上限从各项事业、事物的发端写起，下限至统一规定的年限。而续志一般为断代模式（中指组有明文规定），即上限与前志的下限相衔接，下限仍是统一规定的年限。续志上限怎样与前志下限衔接？怎样才能衔接得更好？是采取"一刀切"的办法，即续志所有编章的上限年份仅与前志下限年份衔接？还是根据实际情况，灵活处理，具体问题具体分析，力求做到原则性与灵活性的有机统一，使其衔接得更自然、更紧密，使续志结构更完整，功能更完备？这是在续修工作中，需要我们认真妥善处理的议题之一。市地方志编委会常务副主任段柄仁同志曾在2004年2月13日召开的地方志学会年会上提出："对第二轮修志来说，不仅要继承历朝历代修志的优良传统和方法，更要继承和发扬第一轮修志的丰富经验，以创造修志工作的新境界、新业绩。"如何继承、发展、创新？切入点在什么地方？笔者认为，妥善处理好续志上限问题，从而创造出一种续志的较新模式，应是"切入点"之一。

一、关于续志上限的设想

所谓志书断限，包括上限和下限，就是指志书记载内容在时间上的起讫规定。续志上限就是指续志所含各项事业、事物，在志书中开始记述的时间。关于这个问题，志界有多种不同意见。有的主张续志上限要与前志下限衔接，即以前志的下限为续志的上限；有的主张以1978年中共中央十一届三中全会召开为界，以便于完整反映本地区实行改革开放的过程；有的主张以 1949 年中华人民共和国成立或当地解放为上限，以便于完整反映本地区走社会主义道路的历程。以上几种意见，均属"一刀切"的做法，有原则性，缺灵活性。还有的主张续志断限定为 1978～2000 年，并特别指出，断限确定之后，执行时要注意不能机械地完全按断限"一刀切"，以致割裂事物运动的过程，为了说明事物发展的规律性和接续性，可适当越限追溯。这后一种意见，既提出了明确的断限，又指出了具体执行时可"适当越限追溯"，可以说既有原则性，又有灵活性。但该主张未进一步提出原则性与灵活性怎么统一起来，未解说"适当越限"怎么把握，怎么操作。笔者以为，社会主义续志，其上限应采用原则性与灵活性相结合、相统一的弹性上限的方式处理。其实，我们已经编纂完成的首轮志书，从某种角度讲，也是弹性上限，只不过那种弹性上限不是人为操作，而是自然形成的。各项事物、事业的发端不同，记述的起始年代也不同，有的从远古记起，有的从春秋战国记起，有的从明、清时期记起，有的从中华民国时期记起……这就自然形成曲折的、上下波动的弹性上限。续志上限如做简单处理，本不会出现上下波动的弹性上限。续志的弹性上限是人为操作产生的，是由续志编纂者操控把握的，是为编修出一部高质量的续志服务的。

早在 2000 年 3 月中国地方志指导小组发布的《关于续修地方志的几项规定（讨论稿）》中，就明文规定："续修的志书为断代志，上限一般应接前志的下限，必要

时，可以适当上溯。"2002 年 8 月市地方志编委会主任刘
淇同志在关于地方志工作的讲话中也明确指出："续修的
断限要处理好，要留有余地。"中指组的文件和市领导的
指示，一方面说明处理好续志断限的重要性，另一方面也
为我们广大修志工作者深入思考、认真研究、具体处理好
这个问题预留了很大的空间。

综上所述，笔者认为，首先，续志作为断代志，必须
要有明确的上限，这个上限应基本与前志下限相衔接，不
宜过多地向上延伸。这条明确的上限，即所谓"一刀
切"，要管住续志各分志的主体内容、绝大部分章节。没
有这"一刀切"，断代志就名不副实，篇幅也不好控制，
还会造成人力、财力、物力的浪费。其次，续志虽为断代
志，但它仍是一部地方志书，是一部相对独立存在的志
书，它不是前志的下篇，亦不属系列丛书之类。地方志的
基本属性和续志的相对独立性，都要求续志的记述范围，
绝不能仅仅限制在断限年份之内。2006 年 5 月颁布的
《地方志工作条例》中第三条是关于地方志属性的规定，
第六条是关于确保地方志质量的规定，这两条都特别强调
地方志要"记述本行政区域自然、政治、经济、文化和社
会的历史与现状"。不能因为是续志、断代志就只记现状
而割断历史。怎么解决既要记好现状，又不缺失历史内
容？答案只有一个，那就是续志的某些部分必须要突破
"一刀切"的上限，实行原则性与灵活性相结合的弹性上
限，即在绝大部分编章实行"一刀切"的基础上，允许
少数编章、个别地方突破上限。

二、续志上限实施方案举要

鉴于续志上限的原则性与灵活性，其实施方案也应有多种，现仅以区县志为例，设想方案举要如下。

（一）续志上限的制定

续志上限原则上与前志下限相衔接。如前志下限为1990年，续志上限亦定为1990年。从记述事物的完整性、系统性考虑，为在续志中反映改革开放事业发端、发展及现状之全貌，亦可将上限延至实行改革开放政策的第一年——1979年。与前志重复的这十几年，记述可简略些。

（二）应严格执行上限的范围

续志正式列编的主体部分，即第一编自然环境至最后一编人物，其绝大部分章节（少数章节除外）从竖写开始（无题小序除外），均应严格按上限规定的年度开始记述，不宜超前，亦不应错后。

（三）可"适当"突破上限的范围

续志各分志中，有些章节属于反映某一地区自然状况和社会发展的基本特点的内容，如自然环境编中的地质、地貌、山川、矿产，建置编中的境域、政区建置，文化编中的文物、民间艺术，经济部类中的地方特产，社会编中的民族、宗教、习俗、方言，等等，这些事物如果严格按照上限记述，就无法说清楚事物的来龙去脉，有的甚至无从下笔。对这些事物的记述，可适当突破上限，以保持事物的完整性、系统性。

（四）可"贯通古今"的范围

为增强续志"古今总览""一方之全史"的基本特征，特在志书的一定范围内不设上限，不受上限制约，或曰"上限不限"，尽量将本行政区域之大势大略，从全局的角度，从历史发展的角度交代清楚。不设上限的范围主要有大事记、概述、各编章下之无题小序、附录这四部分。

大事记是全志之经，是体现区域自古至今发展变化的一条主动脉。续志大事记，应将前志大事记与断限内的大事要事融为一体，经重新整理、加工、核订连缀成文，使之继续发挥全志之经、一域历史发展主动脉的作用。

概述为全志之纬，地方特色、时代特征及自然、政治、经济、文化、社会的历史与现状尽现于此。

分志各编章下之无题小序，在前志中主要承担的职责是从加强横向联系的角度，加强事物的整体性。续志各编章下之无题小序，在继续发挥加强事物横向联系的同时，要承担新的职能，即将各项事物、事业在前志记述中有关发端、发展的脉络，经高度浓缩、精练后移至此处。使续志各编章下之无题小序，既具有加强横向联系的职能，又具有加强纵向联系、贯古通今的职能。

附录在前志中主要是为编余资料而设。修志过程中，有些很有价值的资料，志书正文不能容纳，弃之不用又十分可惜，将其置于附录中，既保存了资料，增加了志书使用价值，又不违反志书体例。续志中的附录，除继续发挥上述功能外，还要赋予其新的功能——前志复载。前志有些资料完全照搬到续志正文中，有违体例，完全舍弃，又影响续志的使用价值。将这些资料重新整理、加工、核订、压缩后移至续志附录中，使其发挥贯古通今的作用，既增强了续志的可读性，又提高了续志的使用价值。需要复载的内容如：政务类自古至今历任县令、县知事、县长，历任区县委书记；经济部类历年国民经济与社会发展概况统计表；军事部类中的战事资料；人物编中重点人物传记；等等。另外，前志中的大事记，如觉得不宜放在续志大事记中，亦可复载于附录之中。

三、续志模式探讨

按照有关教科书的理论，续修的志书，因对续修含义的不同解析，而产生两种不同模式，即通志模式和断代志模式。两种模式各有所长，亦各有其不足之处。现中指组及市地方志编委会均已作出续修志书为断代志的决定。故我们在研讨续志模式时，应将通志模式排除在外。按笔者对续志上限的设想实施，其所修成的志书模式，肯定不是通志模式，但也不是一般意义上的断代志模式，而是介乎于两者之间的、具有贯古通今内容的断代志模式。这种模式的特点如下。

（一）定性准确

此种模式的续志，以记述断限范围内的资料为主，突破上限记述的资料只占一小部分，当属断代志模式，符合中指组及市地方志编委会有关编修断代志的规定和指示精神。

（二）断限明确

此种模式的续志有一条明确的制约志书主体的断限，又有控制地在续志的个别部分、个别点上放开上限，不设上限，以便于追溯事物的渊源。

（三）地方志特征突出

此种模式的续志，其主体以记述现状为主，而大事记、概述、编章下之无题小序及附录等承载了记述历史的重任，从而使续志"全面系统地记述行政区域自然、政治、经济、文化和社会的历史与现状"的特征非常突出，这就避免了有些人所担心的将续志编成"现状书"的问题。

（四）既具有承接性又具有相对独立性

此种模式续志，既从时限、内容、体例等方面比较完整系统地接续了前志，具有承接性，又不完全照搬前志内容，而是有选择地、经过再整理、再加工地将一部分史料移至续志中，使续志在以记述现状为主的基础上，兼顾了对历史资料的记述，从而使其既具有承接性又具有相对独立性，自成体系，规避了续志续成前志"下篇"的弊端。

（五）更具实用价值

修志要考虑体例、模式问题，修志不成志，把志书修成史书，修成"四不像"，会贻笑大方。但修志更要考虑实用问题，当应用与传统体例、模式发生矛盾时，就应当大胆打破传统观念束缚，让模式、体例为现实服务。此种模式的续志，现状资料、历史资料兼备，各行各业各项事物的发端、发展脉络及现状资料自成系统，它可以独立面对各界新老读者、利用者，不仅体例结构比较完备，而且更具有实用价值。

（作者单位：大兴区史志办）

谈第二轮《档案志》编纂的
资料收集工作

宗文萍

内容提要：《北京志·档案志》编修过程中，资料工作是重要基础，而资料的收集又是资料工作的首要环节。本文结合第二轮《档案志》编纂实际，探讨《档案志》资料的收集工作，从拓宽思路、建立制度、动员培训、扩展途径、细化内容、发扬作风等方面，提出要凸显资料收集工作的地域性和专业性，确保资料收集工作的科学性和规范性，深刻认识资料收集工作的重要性和紧迫性，推动资料收集工作的渐进性和广泛性，强化资料收集工作的针对性、实效性、严谨性和精细性。

关键词：档案志　编纂　资料　收集

《北京志·档案志》（以下简称《档案志》）是全面记述和客观反映档案事业发展历史的资料性著述，资料性是档案志书的根本属性。在《档案志》编修过程中，资料工作是一项非常重要的基础性工作，贯穿于《档案志》编修工作的全过程，包括资料的收集、整理、鉴别、选用和管理等，而资料的收集又是资料工作的首要环节。

按照北京市统一部署和整体要求，2009 年年初，北京市档案局正式启动了第二轮《档案志》编纂工作，成立了第二轮《档案志》编纂委员会，设立史志办为编委会的具体办事机构，承担第二轮《档案志》编纂工作。目前，第二轮《档案志》编纂资料的集中收集工作基本完成，正在按照篇目进行补充收集。

一、拓宽工作思路，凸显资料收集工作的地域性和专业性

《档案志》涉及方面甚广，记载着北京地区档案及档案事业的历史发展状况，见证着档案事业乃至北京地区的建设、发展、成长过程。因此，在《档案志》编纂工作中，从资料收集方案的制定、工作的部署到资料的收集，市档案局史志办突破部门志、单位志的观念，从编修档案专业志出发，站在北京地区全局高度，以宏观视角，全面、系统地开展资料收集工作，在收集范围上覆盖整个北京地区的相关单位，包括市和区县档案局（馆）、市属单位、中央在京单位档案部门、各级各类档案馆、档案专业教学以及其他相关单位等近 400 余个单位。市直单位重点收集涉及城建、工商、税务、房产、政法、监察、劳动、人事、医保、社保、医疗等专业部门领域的资料信息。各级各类档案馆包括国家综合档案馆，专业（门）档案馆，企业档案馆，高等院校档案馆，部委、军队等在京中央单位档案部门、相关档案馆和市城建档案馆等。

二、建立工作制度，确保资料收集工作的科学性和规范性

为进一步做好《档案志》编纂工作，市档案局史志办研究、制发《〈北京志·档案志〉第二轮编纂工作管理办法》，对修志指导思想、工作目标、人员组织领导、工作内容等方面都作了详细的规定，为修志工作科学化、规范化提供制度保障；制定了第二轮《档案志》编纂工作和资料收集工作两个方案，使资料收集工作有计划、有步骤、有序地推进；实施联系人制度，落实岗位责任制，既明确分工又相互协调配合，确保工作高质量完成。为提高《档案志》编纂质量，调研制定《〈北京志·档案志〉（1996～2010）编纂质量控制规范》，对编纂工作原则以及资料的收集、志书的撰写等质量控制方面作出明确具体规定。

三、开展动员培训，深刻认识资料收集工作的重要性和紧迫性

2009年12月11日、2010年1月21日和6月24日，市档案局史志办分别组织召开市、区县档案局（馆）和市直单位及相关单位第二轮修志资料收集工作培训动员会，对第二轮《档案志》编纂工作进行动员，对兼职资料信息员进行修志工作的培训，市地方志办领导和市档案局史志办负责人讲解修志相关内容和要求，部署第二轮修志资料信息的收集工作。

为有效做好《档案志》编修资料的收集工作，提高专兼职资料信息员修志业务素质，为编修一部佳志提供良好的人员队伍保障，在分批开展集中面授培训的基础上，将市地方志办公室市志指导处处长运子微主讲的《地方志资料的收集整理与使用》课程纳入"北京市档案工作者教育培训网"的继续教育培训中。同时，在档案信息网上，链接第一轮《档案志》，一方面对首轮《档案志》做宣传，另一方面为各单位报送资料提供学习的参考。

针对市档案局（馆）、区县档案局和市直单位档案部门实际，市档案局史志办编辑了三个版本的《〈北京志·档案志〉第二轮编纂工作法规文件资料选编》，作为修志工作的依据和指导，收录国家和北京市地方志工作法规、文件、领导讲话等共 19 份。其中包括：第二轮《档案志》编纂工作方案、编委会第一次会议纪要、收集资料篇目、工作管理办法、资料信息收集工作方案等文件。

四、扩展工作途径，推动资料收集工作的渐进性和广泛性

在市和区县档案局（馆）以及市直单位档案部门确定兼职资料信息员，建立 120 余人的专兼职相结合的资料信息员队伍，为资料收集提供人员组织保障，便于修志工作过程中资料的收集和与各单位的沟通联系。采用分范围、分单位、分类型方式，有重点地进行收集，即采用先试点、后铺开，先重点、后一般，先市档案局（馆）内部、后市档案局（馆）外部，先区县、后市直单位，先

市属单位、后中央在京单位和其他相关单位，先集中重点收集、再补充收集一般性资料的方式，结合以会代训、制发通知、网上培训等多途径、多形式，依次从点到线再到面，全面、广泛开展修志资料收集工作。随着工作的进展，兼职资料信息员队伍的人数和资料收集情况还在不断增加和调整之中。

五、细化工作内容，强化资料收集工作的针对性和实效性

首先，在工作中，区别不同单位，有重点地收集资料。其次，拟定第二轮《档案志》篇目，依据篇目广泛开展资料收集工作。篇目既与第一轮《档案志》有继承和衔接，又有诸多创新，以充分体现时代性和首都特色。对市、区县档案局（馆）下发篇目，使各区县依据篇目，有重点、有针对性地提供修志资料，同时，也为各区县编修区县档案志提供了有益的篇目参考。再次，对市属单位制发报送资料的参考模板和参考文本，并放在北京市档案信息网上。参考模板包括档案资源、档案机构、业务指导、档案工作制度、档案归档整理保管、提供利用、档案信息化七方面内容。参考文本包括首轮北京档案志和江苏档案志的部分文书档案、科技档案、专门档案和重要珍贵档案等。最后，印发市直单位报送资料参考模板和文本，优化报送形式，简化报送程序，为各单位报送资料提供方便，提高工作的实效性。

六、发扬优良作风，强化资料收集工作的严谨性和精细性

在第二轮《档案志》编纂资料收集工作中，我们大力弘扬严谨治学的科学精神，虚心向老同志请教，多途径向先进单位学习，继承修志优良传统，兢兢业业，任劳任怨，甘于奉献，认真、严谨、扎实、细致地做好各项工作。例如，通过会议、电话、互联网、通信等多种形式，广泛征求对第二轮《档案志》篇目的意见，反复研究、讨论、修改、调整，针对篇目中一个词或一个字的表述，要反复查阅《辞海》等工具书和档案法规文献、地方志工作相关规定等，反复斟酌，仔细修改，力争表述得更加科学、规范和符合实际，力求突出《档案志》的衔接性、创新性、时代性、地域性和专业性等特点，为修志资料的收集提供科学、可行的依据。对市直单位报送资料的参考模板和文本，经过征求 26 个单位的意见，反复修改完善之后印发给各相关单位，便于各单位报送资料时参考。

（作者单位：北京市档案局史志办）

把握三个要点　搞好篇目设计

李国红

内容提要： 篇目在续志工作中具有举足轻重的地位。二轮修志是在完成第一轮修志任务的基础上进行的，结合不断发展变化的特点，编纂者在认真研读一轮志书、研究历史与现状的同时，通过把握"三个要点"，确保"三个实现"，力求篇目设计更加科学合理，并有所创新发展。

关键词： 地方志　篇目设计

通过篇目，能观志书之概貌，窥志书之精髓，量志书之价值。篇目，在编纂之初，是搜集和整理资料的指南；编纂过程中，是撰稿的提纲；编成之后，是志书的目录。因此，篇目在续志工作中具有举足轻重的地位。二轮修志是在完成第一轮修志任务的基础上进行的，结合不断发展变化的特点，编纂者在认真研读一轮志书、研究历史与现状的同时，通过把握"三个要点"，确保"三个实现"，力求篇目设计更加科学合理，并有所创新发展。

一、把握"四级形式""三个部分"，实现篇目设计的结构合理

篇目设计从形式上分为四级：篇、章、节、目。"篇""章""节"三级是志书的目录，"目"作为篇目的第四层次，是在"节"基础上的横分，根据需要进行设置。如果"节"的内容很多，需要细分才能做到条理清晰，那就设"目"，如果"节"的内容已比较单纯，可以作为竖写单元，就不再设"目"。

篇目框架从结构上分为三部分：卷首、正文、附录，以正文为主体。卷首包括地图、彩图、序言、凡例、概述、大事记。正文，含篇、章、节，收集资料阶段的篇目可以列到目，有利于比较完整地收集、整理资料，减少遗漏。附录包括补、考、后记、重要的文件辑存等，"补"主要记述首轮志书中遗漏或记述不充分的重要内容；"考"主要是对首轮志书中某一事件、事物等问题进行重新考证或考订，正错纠谬，还原事物本来面目；后记主要是记修志目的、编纂经过、编纂经验、志书的资料来源、体例结构及编者的情况等；重要的文件辑存、调查报告、专题研究文章以及民间传说、地方掌故、奇闻逸事等一并放到附录中。

通过科学的设计形式和清晰的框架结构，实现篇目设计的结构合理。

二、把握"五个步骤""三个特性",实现篇目设计的脉络完整

篇目设计要遵循一个不断完善的过程,每一阶段会有多次部分修订,情况不尽相同,但一部志书篇目设计的成熟,必然会随着对记述内容认识的深化和对志书体例的融会贯通而发展、突破、创新。

(一)五个步骤

1. 开展前期调研

首先摸清家底,弄清志书记述内容所涵盖的地区或行业的具体情况,这是保证志书篇目囊括全部内容的前提。地区或行业的状况,职能部门的变化,文化、科技、民生的演变,需要编纂者对志书有一个重新认识,使篇目不漏、不缺、不过界超范围。通过广泛调研,掌握基本情况,理清发展脉络。

2. 确定篇目思路

经过前期调研,明确篇目分类思路。其一,以地区或行业所涵盖的主要部门及主要业务为基础分篇。以此为设篇依据,基本涵盖了主要内容,但这仅仅是思路而不能完全等同于篇的设置。其二,以时间先后分篇。志书设计以时间为序设立篇章节,符合客观实际和事物本身的规律。其三,打破部门局限,综合设篇。由于存在机构重叠、领属关系多变、分工较细的情况,篇目设定存在一定困难,这就需要在不违背篇目设计基本原则的基础上,采取实事求是和灵活的办法,反复论证,根据志书体例和篇目设计

要求拟定篇目框架。

3. 确定雏形篇目

拟定篇目框架后，由编纂者和相关部门完成篇目初稿拟定，结构调整；邀请修志专家、相关领导和编委会召开专家论证会，综合专家和编委会意见，确定雏形篇目。雏形篇目注重于篇目分类是否全面、科学、合理，各篇、章、节之间是否体系完备，逻辑关系是否严密等。雏形篇目明确了资料收集的范围，是收集和整理资料的指南。

4. 确定成型篇目

在入志资料基本收集完成后，根据收集到的资料对雏形篇目进行适当调整和修改，同时调整各自的隶属关系，形成比较严密的逻辑关系。成型篇目是志书撰写的提纲，也是修志的依据。

5. 确定定型篇目

成型篇目在总纂完成、评议修定后是定型篇目，也是志书目录。重点对成型篇目的层次关系、逻辑关系和篇、章、节的名称、数量等方面，进行局部的微调和润色处理，使篇目设置更加科学合理，更加富有地区或行业特色，更加符合志书行文规范。

无论是雏形篇目，还是成型篇目、定型篇目，从开始设计到最终形成，都需要经历一个反复推敲、不断锤炼的过程才会更加完善。同时，要遵循科学有效的方法，在继承的基础上创新，才会使篇目既科学规范又与时俱进。

（二）三个特性

1. 注重篇目的创新性

前志留下了许多宝贵的经验值得我们借鉴，如横不缺项、纵不断线等。设计新篇目既要继承旧志优良传统，又要与时俱进，勇于创新。在观念上创新，坚持以马列主义、毛泽东思想、邓小平理论和"三个代表"重要思想为指导，贯彻落实科学发展观，坚持存真求实的原则，保证篇目的正确性。在体例上创新，大胆对篇目进行调整，以符合新时代的要求。

2. 注重篇目的整体性

续志篇目既要从记述内容上反映本地区或本行业在断限内各方面的发展和现状，又要从形式上有序、凡例、概述、大事记、附录、补遗、后记等，要把握好篇目的总体设计。

3. 注重篇目的科学性

篇目的科学性体现在：分类的科学性，设计篇目时依据隶属关系和不同分工进行科学分类，做到事以类从；门类排列的科学性，根据不同属性采用不同的门类标准；篇目标题的科学性，篇目标题要简短、准确、醒目，正确反映其属性和领属关系。

三、把握"六项原则""三项要求"，实现篇目设计的科学规范

（一）六项原则

篇目设计之初要明确遵循的原则，一是志书篇目的基

本原则，二是二轮修志的篇目原则。

篇目设计要做到：门类齐全、分类科学、归属得当、排列有序、结构严谨、层次清楚、时代鲜明、特色突出。

二轮续志是对前志的续修，有其特有的要求，可以把续修归纳为对前志的"续、增、删、并、纠、补"六项原则。

续：即续写在前志断限后的发展变化情况，体现新事物、新发展、新成就、新经验等，凡是在前志断限后，继续存在和变化着的事物，都在记述之列。增：前志篇目中没有的或是新产生的事物需要记述存史的，在续志篇目中增加篇、章或节。删：前志之后，已经不再存在的事物，或前志已经记述过、续志篇目中不宜再出现。并：前志之后，继续存在，变化不大，但也有必要记述，可以将相近类型的章、节合并记述，只简要记述大的方面、变化的方面。纠：即纠前志之错，本着对历史负责的态度，在续志篇目中附校勘即可，纠正错讹，客观准确，不带个人感情色彩。补：对前志中某些方面或某些重要史料遗漏者，在续志后面附补遗。

（二）三项要求

1. 篇目设计要符合科学分类和工作实际

依照志书内容记载地区或行业的主体业务，篇目设计要突出其特有的、最主要的、有决定性的属性，在此基础上进行记述。科学的认识和分类是一个不断发展和完善的过程，要体现出科学性和工作实际。

2. 篇目设计要体现领属关系

篇目排列层次要有逻辑性，处理好各篇、章、节的领属关系，不能出现"父子同辈"现象。

3. 篇目设计要反映时代特点和行业特色

用现代的观点把志书内容记载下来，充分反映出社会、政治、经济、文化等具有时代特征的内容。篇目设计要突出独有的事物、作用特别重大和特别突出、人无我有、人有我优的事物，充分反映其特色和亮点。

综上所述，有了科学的篇目，可以全面、系统、有目的地搜集资料，使浩繁的资料条理化；有了科学的篇目，便于进行合理分工，协同合作，统一目标，顺利地开展工作；有了科学的篇目，可以使多元庞杂的志书内容，形成一部体例完备、门类齐全、结构严谨、内容丰富的精品志书。

（作者单位：香山公园研究室）

对续修区志与前志衔接的几点思考

孟庆华

内容提要：本文认为，第二轮《东城区志》是续修志，与原区志实现了形式的统一。续修志书必须处理好与前志的衔接，注意对前志的拾遗补阙、订讹正误。对于续修《东城区志》中出现的各种问题，要做到具体问题具体分析、具体解决。

关键词：东城区志　续修　衔接

2005 年 8 月，第一轮《北京市东城区志》（以下简称《东城区志》）问世。第二轮《东城区志》2010 年 4 月启动。笔者作为第二轮《东城区志》的责任编辑之一，通过学习北京市地方志办公室编发的《北京市第二轮修志指导手册》及其他方志学有关书籍的相关内容，认真通读第一轮《东城区志》，研读自己负责编辑的相关编、章，加之与大家就续修工作中出现的各种问题的研讨，现就续修区志与前志衔接中遇到的几个问题提出自己的拙见，与各位同仁商榷。

一、关于对原区志与续修志关系的看法

1996 年《国务院办公厅关于进一步加强地方志工作的通知》中明确"地方志每 20 年左右续修一次"。对"续修"一词,《中国地方志词典》中的解释是:"'续修'也称续编。即按照年代的先后顺序,以旧方志的下限为新志的上限,编纂新时期的方志。这种编纂方法称为'续修'。续修而成的志书,它不是统合古今的通志,而是一种断代志。"《中国地方志大辞典》对"续修"的解释是:"在旧志的基础上,接续旧志门类继续修撰新志。"而对于"续志"的解释是:"在前代志书的基础上只记以后一段历史时期的事情,叫'续志'。体例基本依照前志,有的只是类目上略有增删。"

如此看来,第一轮《东城区志》可以说是域内(25.38 平方公里)的一部"通志",而续修的第二轮《东城区志》应该是在"通志"基础上的"续志"。在这里,"续修"是"续志"形成的形式和方法;"续志"则是"续修"的主体和内容。按照马克思主义哲学观来解释,内容决定形式,第二轮志的内容就应该决定其续修的形式。

二、续修志与原区志实现了形式的统一

续修志是原区志的延续,应使读者能看到原区志的影子,但又保持独立的志书形式和特点。续修时,续志不能是前志的补志、补记和内容的简单累加。从体例形式来讲,该继承的要继承,该完善的须完善。《东城区志》的

续修在指导思想、编纂体例、时间断限、质量要求四个方面实现了前后的统一与吻合。

一是指导思想的统一。第一轮《东城区志》的编纂坚持"以马克思列宁主义、毛泽东思想、邓小平理论和'三个代表'重要思想为指导，遵循实事求是的原则，力求科学、准确、全面地记述东城区自然和社会的历史现状"。第二轮修志仍坚持了这个指导思想，并提出了"四个坚持"的基本原则：第一是坚持正确方向，志书的编纂工作以马克思列宁主义、毛泽东思想、邓小平理论和"三个代表"重要思想为指导，贯彻落实科学发展观；第二是坚持政府主导，第二轮《东城区志》仍旧由东城区人民政府承编；第三是坚持主编负责，严格执行"三审"（初审、复审、终审）制度；第四是坚持质量第一，志书要做到观点正确、资料翔实、体例严谨、内容全面、特色鲜明、记述准确、文风端正、印制规范。

二是编纂体例的一致。第一轮《东城区志》采用述、记、志、传、图、表、录诸体，以志为主体；全书采用编章节目体，横列门类，纵述史实，述而不论，以类系事，以事系人。除概述、大事记、专记外，分设32编，编下设章、节、目。续志的编纂体例没有大的变化，编章节目的设置也基本相同，设29编、132章、447节，另设"概述"和"大事记"。与第一轮《东城区志》相比，第二轮增设了"纪检、监察"编，删减了"中国国民党、三民主义青年团"和"侨务、港澳台事务"编，拆分了"街道"编，合并了"商贸"与"金融"编，编下个别章、节、目的增减与调整较好地体现了"横不缺要项、纵不断主线"的要求。

三是时间断限的吻合。第一轮《东城区志》的记述年代上限力求追溯事物发端，下限止于 1995 年 12 月 31 日。《北京市东城区第二轮修志工作方案》明确规定：第二轮《东城区志》的续修时间上限与前志下限衔接，定为 1996 年 1 月 1 日；下限原定为 2010 年 12 月 31 日，由于北京市行政区划的调整，根据北京市地方志办公室的要求，将新区续修第二轮志的时间下限调整为两区合并的 2010 年 6 月 30 日。

四是质量要求相同。第一轮《东城区志》编纂质量的要求是：坚持质量第一，做到观点正确、体例严谨、内容全面、特色鲜明、记述准确、资料翔实、表达通顺、文风端正、印制规范。续修的第二轮《东城区志》仍然执行这个标准，与中国地方志指导小组印发的《地方志书质量规定》第三条之规定完全相同。

三、资料收集阶段出现的一些问题

按照中国地方志指导小组印发的《地方志书质量规定》第十六条之规定：时间界限明确，不随意突破志书的上限和下限，严格控制上溯或下延。续修志书必须处理好与前志的衔接，注意对前志的拾遗补阙、订讹正误。目前，《东城区志》的续修工作正处在第一阶段（亦称"准备阶段"），以广泛收集资料的结束为标志。本阶段出现了一些具体的、实际的新情况和新问题。

一是区委、区人大、区政府、区政协等选举产生的、按届别相对独立的核心部门、权力机关与参政议政机构，按续修志书的时间断限，正处在届中（七届区委、十一届人大和政府以及九届政协的任期都是 1994 年 2 月至 1999 年 1 月），应当如何反映本届任期的工作全貌，既体现续志与前志的连续性，又体现续志的独立性、系统性。

二是随着社会经济的变革与发展，一些原本职能单一、分量较轻的部门工作逐步登上全区性工作的大舞台，如 2001 年成立的信息化工作办公室，最初设在区发改委，2009 年 1 月改设在区政府办公室，2010 年升格为区政府直属机构；2001 年 3 月成立的东城区旅游局，其职能原是商委下属的部门工作；2004 年 7 月成立的安全生产监督管理局，其前身是 2001 年 10 月成立的经济委员会安全科；2004 年 7 月成立的国有资产监督管理委员会集中整合了原经济委员会、经济体制改革办公室、财政局、劳动和社会保障局等有关指导国有企业改革、管理等职责；等等。

三是还有一些工作进行了"改嫁"与"降格"，如压力容器、电梯等特种设备的检测，由劳动局转移到质监局；主管全区物价工作的物价局，2004 年 7 月改为物价所，由区政府直属机构降为部门管理机构，归发改委管理；2001 年 12 月，主管全区环境卫生管理工作的区环境卫生管理局和主管全区档案工作的档案局由政府职能局改为直属事业单位；2009 年 12 月，原园林局的职能改为公园管理职能，分别组建园林绿化局和公园管理处，其工作职责也发生了改变。

因此，如何将上述机构与职能变化的志书资料（尤其是事物发端的资料）收集齐全，是现阶段资料收集工作中亟待解决的问题。

四、保证前后志衔接质量的设想

前述各类情况，我们在收集资料，乃至编写资料长编、编辑区志初稿等后续工作时，如何全面、完整、客观地反映该项事业的发展过程，添加的项目及时增补，变格（升格或降格）的工作追根溯源、力求完整，确保横不缺要项、纵不断主线，笔者认为，对于续修《东城区志》中出现的各种问题，要做到具体问题具体分析、具体解决。

一是前志下限没有完结的事情，无论是具体事件还是门类史实，就不能只记述前志下限以后的事情。如果那样，不但使读者无法了解到事情整体情况，甚至会使人非常茫然。尤其是某些数据，如果只记前志下限以后的数据，就没有比较，就看不出发展和变化。还有某些沿革和选记，不作承前简述就会使其失去完整性，也会使整个后志出现过多的断面，致使其可读性和实用性大大降低。如此说来，以届别划分的机构，无论是区委、人大、政府和政协，还是民主党派和社会团体，都应按届别进行全面记述。续志遇到起始时限为某届的后半届，不论长短，都应将这一届记全，追溯到本届的起始。

二是中途"改嫁"的工作，必须由现任"婆婆"追根溯源，完成其资料收集、编写长编、撰写初稿等工作。像信息化工作、旅游业、安监管理、国资管理、特种行业

（设备）检测等，无论其"改嫁"几次、现落谁家，新成立单位要追溯其前身的发展变化，如区信息办除完成自家现资料收集外，还要通过政府办、发改委、计经委等一追到底；现已归属发改委的物价所，应由发改委负责追溯其物价局曾经的历史；旅游局、安监局、国资委等具有类似情况的其他委、办、局亦应如此。

三是通过写"述"实现前、后志的有机衔接与平稳过渡。"述"有多种，除"概述"外，编下述或章下述的承前启后，对实现前、后志的有机衔接与平稳过渡意义重大。一般编、章都应有承前简述，根据《关于东城区第二轮修志编辑工作的说明》之规定，第二轮区志只设编下无题述，即在每编开写之始，对前志中的内容进行简述，再续记前志下限以后的情况。在具体操作上，后志需要续记的内容，可先简述一下该事物××年发起、前志下限时的状况，然后再从后志上限续记；如果续记对象在前志时段中有重大变化环节，就需灵活处理，要把重大变化环节简记清楚。如××年撤销、××年恢复、××年合并之类，若只记始末，就不容易写清楚、让读者看明白。笔者认为，尽量不采取复载照搬的方法，其篇幅也不宜过长。少则几句话，多则几百字足矣。在具体操作中，根据不同的篇目，编下述的时限也不一定雷同，下面谈几点具体想法。

一是行政建置及部分机构沿革和自然地理类，可简述1949年中华人民共和国成立至前志下限，因为新中国的成立是我国新民主主义革命向社会主义革命和建设过渡的转折点，简述一下可使人快速了解当代东城的大致情况，如东城区是 1958 年由东单区、东四区合并而成，其前身分别是 1952 年由内一区、内三区和部分内五区调整而成的第一区和第三区。

二是工业、商贸、城市建设等经济类篇目，可简述 1978 年 12 月党的十一届三中全会至前志下限，因为党的十一届三中全会是建设中国特色社会主义的里程碑。1985 年城市经济体制改革对工商业的发展，以及 1990 年第十一届亚运会对城市建设的推动作用，均可在简述时再描一笔。

三是人口、国民生产总值、社会商品零售总额、财税收入、教育、文化、科技、体育等，只简述前志下限时的情况或数据即可，既达到了衔接、贯通之目的，也表明了事物发展、提高和变化的程度。

四是某项重大工程、重大事件、重大活动以及荣获国家级先进荣誉等，可从事物发端简述至前志下限，如金街（王府井大街）改造工程、银街（崇雍大街）的规划与建设等。凡后志需要续记的，先将前志中的这一内容简述一下再续记，使人能够不看前志也可大致了解事物全貌。

综上所述，《东城区志》的续修是一项系统工程。在处理续志与前志的衔接关系时，一定要注重保持时间上的连续性、篇目上的对应性、内容上的延续性和资料上的可补性。对前志而言，续志是一个独立的、完整的区情信息系统，前志的某些记述不能代替续志的记述。当然也不是全部照搬前志的相关内容，而是用新鲜笔墨，择其精华，存其梗概，站在时代的高度、全局的角度，用发展的眼光，通过概略前志来衔接后志，即对前志的主要部分（如经济、政治、文化）进行梗概性浓缩，突出重点，彰显精华，便于读者从横断面上，不翻阅前志，也会对东城区情有大致了解。在断限上，若一律以前志下限的次年为续志的上限，记述时则可能割裂某些事物的完整性。因此，前志下限的次年只能作为续志的基本上限，对某些特殊事物的记述应当超越前志下限适当向前追溯，以便更好地反映事物发展的全貌，既体现续志与前志的连续性，又体现续志的独立性和系统性。但这里的"适当"要按照《北京市东城区第二轮修志工作方案》规定的"严格掌握，适可而止"。

（作者单位：东城区史志办）

二轮修志应重视口述资料的运用

张　宁

内容提要： 二轮修志面临资料缺失问题，而作为资料补充渠道之一的口述史，在地方志领域所受的重视程度并不高。本文认为，二轮修志应重视口述资料的运用，使其在志书资料补充收集中发挥更大的功用。围绕这一观点，本文介绍了口述史与地方志的关系，在此基础上对二轮修志运用口述资料的必要性与面临问题展开探讨，并尝试勾画口述资料工作在二轮修志中的前景及举措。

关键词： 口述史　口述资料　二轮修志

当前，北京市第二轮修志已进入初稿形成阶段，该阶段面临一些亟待解决的问题，其中之一就是资料缺失，亟待补充完善。资料的补充有多种渠道，如文献资料、口述资料、实物资料等。然而，提到收集口述资料，一些修志单位认为，志属信史，口述的东西"口说无凭"，不到万不得已最好不用，甚至将开展口述史工作视为一项额外的负担。而放眼外部世界，口述史正以一种前所未有的势头席卷我们的生活，吸引着包括史学界在内诸多领域和行业的广泛兴趣和参与。面对一个即将到来的口述时代，地方志工作者是继续漠视还是积极融入时代的潮流？笔者认为，二轮修志中应重视口述资料的运用，最大限度地发挥其在志书资料补充中的功用。

一、口述史与地方志的关系

口述历史是历史学的一门新兴分支学科，20 世纪 40 年代产生于美国，80 年代现代意义上的口述史学开始传入中国。关于口述历史的概念，目前还没有一个统一的界定。国内外学者纷纷立足于各自的学科背景尝试定义口述史，如路易斯·斯塔尔（Louis Starr）、保罗·汤普森（Paul Thompson）、唐纳德·里奇（Donald A. Ritchie）、钟少华、杨立文、杨祥银等。其中，唐纳德·里奇认为，"口述历史是以录音访谈（interview）的方式搜集口传记忆以及具有历史意义的个人观点"。[1] 而温州大学口述历史研究所所长杨祥银认为，给口述历史下怎样的定义是无关紧要的，关键要把握住口述历史的精髓，也就是其最明显的特点——它保存了即将逝去的过去的"声音"。[2]

口述史与地方志的关系，集中体现在口述资料的运用。口述资料，或称口述史料，主要指经过口传或为后人

---

❶ ［美］唐纳德·里奇：《大家来做口述历史：实务指南》，王芝芝、姚力译，当代中国出版社 2006 年，第 2 页。
❷ 杨祥银：《与历史对话：口述史学的理论与实践》，中国社会科学出版社 2004 年，第 7 页。

记录，成为史料的民间传说、社会歌谣、历史人物讲话记录、录音录像以及访问调查的原始资料。❶ 口述资料不同于口述历史，"口述史料，是从史料学的角度，特指史料留存的一个种类；口述历史，是从历史学的角度，特指表述历史的一个方式"❷。口述资料与地方志渊源颇深，地方志中的口碑资料就指的是口述资料。所谓口碑资料，指保存在当事者、知情者记忆中或在群众中口头流传的资料，尤其是历史见证人或知情人的亲知、亲闻、亲历。口碑资料是地方志资料的一个重要来源，属于一手资料。自古以来，地方志编修就有收集口碑资料的传统。

二、二轮修志运用口述资料的必要性

口述史之所以成为史学界的新宠并得到蓬勃发展，是由其自身特点决定的。口述史最突出的特点是"自下而上"的角度，从关注上层社会的精英人物转为对准普通的人民大众，史学解读的角度从权威话语的角度到多元化的角度转化；最根本的特点是"个人性"，以记录由个人亲述的生活和经验为主，重视从个人的角度来体现对历史事件的记忆和认识；从对往事的简单再现深入到大众历史意

---

❶ 周新国：《中国大陆口述历史的若干问题》，全国地方志系统口述史培训班讲义资料。

❷ 荣维木：《关于口述历史研究中的概念界定》，见周新国主编《中国口述历史的理论与实践》，中国社会科学出版社 2005 年，第 110 页。

识的重建，使社会记忆成为可能。❶ 上述这些特点和优势，足以使口述史颠覆传统史学，在史学界掀起革命性的浪潮。而作为和史学密不可分的地方志，同样要重视口述史，具体到当下的二轮修志，就是在二轮修志中重视口述资料的运用。

有人认为，二轮修志档案资料已经比较丰富了，搜集口述资料又比较费力，似乎不大需要依靠口述资料来丰富和佐证，甚至将收集口述资料视为一项费力不讨好的工作。然而，事实并非如此。二轮修志仍面临资料缺失、片面等问题，无法满足续修对资料的要求。而口述资料的补充有助于拓宽资料收集渠道，在一定程度上弥补志书资料的不足。

（一）补充关键资料

二轮志书记述的时段，恰逢改革开放事业由开始到全面发展的时期，出现了一系列资料收集方面的问题。首先，随着政府机构改革以及部门职能的转变，部分关键资料散佚或缺失；其次，二轮修志仍多为各党政、行业部门的修志单位供稿，囿于政府部门的局限性，一些领域无法触及，资料收集存在盲点；最后，二轮修志是当代人修当代志，对许多新情况和新问题的认识还不够全面，探索还不够深入，尚无形成定论的文献记载。上述关键资料的缺失，直接影响到资料的完整性和全面性，乃至整部志书的

---

❶ 定宜庄：《我做口述史的实践与体会》，全国地方志系统口述史培训班讲义资料。

质量。对此，我们应转变思路，寻求多元化的资料收集渠道，通过开展口述史访谈的途径，访谈部门改革中的当事人，不仅可以扩充信息资料的来源，弥补关键资料的缺失，也能增加入志资料的价值。

（二）补充微观资料

由于受传统史学的影响，志书偏重于宏观记述，所谓"大势大略"。从各部门提供或用于志书内容记述的数据现状来看，偏重反映全貌而忽视细节，偏重结果而忽视具体过程。一个历史事件的记述，缺少必要的细节，有时甚至只有短短一句话，而与历史发展有关的细节恰恰是志书应该记述的。大量微观资料的缺失，不仅影响志书质量，还会给下一步的用志带来困惑。口述史则刚好具有这样的丰富性，在回顾和描述的基础上对历史细节加以还原，可以补充正史文献的缺失，复原历史的完整性。❶ 通过口述访谈，采访当年事件的亲历、亲见和亲闻者，获取那些隐藏在历史大幕背后不为人知的故事，以及相关重要人物的活动，将这些反映历史真实的细节和过程的口述资料用于志书，无疑使志书的内容更为丰富。

（三）补充一手鲜活资料

修志单位提供的各种文献数据，很多是工作中形成的总结报告，其内容偏重于政府工作的日常事务以及处理有关事务的结果，缺乏具体过程讨论以及如何应对具体问题

---

❶ 黄玲：《关于在新编志书中运用口述历史的探讨》，《中国地方志》2007 年第 9 期，第 53 页。

及反映情况的记录，多为二手甚至三手、四手资料，显得干瘪而苍白。针对呆板的工作报告似的资料，可以兼顾来自官方以及社会多方面的不同声音和诉求，展开集体回忆和描述，将历史创造者、参与者和见证者的个人体验、经历和对历史的真实感受融入志书之中，这些一手资料的运用，可使志书的内容鲜活起来，更贴近大众。例如，在北京市地方志办公室编纂《北京四合院志》的过程中，曾实地踏勘原挂牌为"梁启超故居"的北沟沿胡同 23 号，通过与院内居民的口述访谈，得知梁启超从未在此居住过，此外还获得了其他一些意料之外的一手资料，这为地方志开发利用提供了有力的注脚。此外，对于重大的缺少文字记载的历史事件，通过对重大事件当事人和知情人进行口述访谈，可以填补重大事件资料空白。

（四）印证文献资料

志书的生命在于真实，文献资料出了问题，志书的真实性就难以保证。事实上，这种情况是客观存在的。同一事件，不同志书甚至同一本志书中记述的内容会出现不一致，数据更是容易出现前后矛盾的现象。如在查阅志书中关于新中国首都人口数据时，我们发现，同一个指标在《人口志》和《计划志》中不一致，而且户籍人口、常住人口概念混淆不清。这就需要对文献资料进行甄别，而口述资料恰恰就提供了鉴别文献真伪和价值的一个途径。通过北京市统计局三任人口处处长口述回忆，国家正式规范常住人口的概念应该是从 1982 年第三次全国人口普查开始，1994 年正式规范为居住半年以上的人口，这一口述资料厘清了关键概念，有力地纠正了文献资料中存在的问题。与当事者或知情者直接对话，是获取真相的一个好办法。而且口述史访谈还可以对同一对象访谈多次，或者针对一个问题访谈不同的对象，反复验证，去伪存真，与文献记载相互印证，从而有助于确保志书的真实性。

综上，地方志中运用口述资料有很大的必要性。特别是二轮修志，断限为 20 年，时限距离现在比较近，很多事件的亲历、亲见和亲闻者尚还健在，这是开展口述资料收集的前提。我们应抓住这一大好时机，通过收集口述资料，拓宽收集资料范围，补充更多鲜活、生动、有价值的一手资料，提高入志资料乃至志书的质量。与此同时，对于口述资料入志还应审慎对待，存真求实，做好鉴别和考辨工作。

三、使用口述资料面临的问题

一些修志单位对口述资料使用的误解和偏见，部分源于志书偏好文献资料的传统，部分源于对口述资料和口述历史的陌生。其实，口述历史自诞生之日起，就面临着一个无法回避的问题，那就是，记忆是否可靠？

口述历史立足于人的记忆，而记忆的确有不可靠性。概括来说，记忆的不可靠主要有三个方面：首先，受访者失去对过去的记忆。口述历史访谈一般是在时间发生若干年后才进行，口述史料追溯的时间越远，流传的时间越久，失真也就越大。其次，由于怀旧主义和个人感情色彩而故意扭曲记忆。比如当采访受访者的不幸经历时，他们或者拒绝回答，或者把过去描绘得很好。因为他们不愿意回到过去的"阴影"之中，那些给他们带来了太多的痛苦。最后，口述者的回忆受到现实生活经历的影响，因而在回忆时可以明显地反映出口述者的个人心理的变化。❶

相比较口述资料在记忆上的局限性，文献资料相对稳定，白纸黑字，盖棺定论，看似更为客观和真实。然而，真的是这样吗？文献资料是否一定比口述资料更可靠？文献资料不是凭空而来，也是需要人来记录的，那么，记录者的个人意识和观点同样也会渗透其中，主观因素影响同样存在，导致文献资料有时不完全、不准确，甚至具有欺骗性。笔者认为，口述资料和文献资料只是作为资料的不同形式，既然都存在不可靠的问题，我们就不应过分纠结于哪一种形式，避免有所偏废、因噎废食。

其实，我们还可以换个角度，看看口述历史中的记忆问题。"记忆的不可靠性"是否一定就是一件不好的事情？事实是，当代口述历史学家开始把"记忆的不可靠性"看作口述史学的特性，认为这不是口述史学的缺憾而是长处。意大利口述历史学家 A. 波特利（Alessandro Portelli）指出："真正重要的是回忆，不是被动地收集事实，而是创造事实意义的主动过程。"他承认，受访者的个体意识的渗透是不可避免的，也正因此反映了受访者那个时代的文化和思想观念。当代口述历史学家似乎都倾向于此

---

❶ 杨祥银：《试论口述史学的功用和困难》，《史学理论研究》2000 年第 3 期，第 43 ~ 44 页。

观点，他们认为口述历史不仅是"重现"历史的手段，同时也要注重对历史意义的分析。美国口述历史学家迈克尔·弗里斯科（Michael Frisch）断言："如果回忆被作为历史分析的目标来看待，口述史学将是发掘、探索和评价历史回忆过程性质的强有力工具——人们怎样理解过去，他们怎样将个人经历和社会背景相连，过去怎样成为现实的一部分，人们怎样用过去解释他们现在的生活和周围世界。"[1]

当然，还是有必要采取一些方法来尽量减少记忆不可靠性的负面影响。一方面，口述资料与文献资料相互印证，纠正受访者记忆的失误。唐德刚在总结自己的口述经验时说："我替胡适之先生写口述历史，胡先生的口述只占百分之五十，另百分之五十要我自己找材料加以印证补充。写'李宗仁口述历史'，更麻烦，因为李先生是军人，他连写封信都要秘书，口述时也随便讲讲，我必须细心地找资料去编、去写、去考证，不明白的还要回头和他再商讨。"[2] 文献资料对口述资料的补充和互证是不可或缺的一个环节。另一方面，多次走访、多方走访，搜集尽可能多的口述资料，同一事件、不同来源的口述资料之间的相互印证，也会在一定程度上提高口述资料的全面性和客观性。

---

[1] 杨祥银：《试论口述史学的功用和困难》，《史学理论研究》2000 年第 3 期，第 44 页。

[2] 唐德刚：《史学与文学》，华东师范大学出版社 1999 年，第 2 页。

四、口述资料工作的前景及举措

早在部署二轮志书纂修时，中国地方志指导小组就明确提出：二轮方志纂修要"加强对资料收集的力度，积极拓展资料收集的范围。应重视社会调查，注意搜集口述、音像等资料"。中国地方志指导小组常务副组长朱佳木同志也很重视口述史在地方志编修中的运用，提出地方志编修中的当代部分，"是口述历史最能大显身手的时段"，地方志编修的学者"应当高度重视口述历史工作"❶。笔者认为，在这样的大背景下，二轮修志开展口述资料工作前景光明，今后口述史理论研究与交流将得以推动，地方志系统内开展口述史实践，有重点地推出一批口述史访谈成果，并形成口述资料专题文献。

口述资料工作是一个全方位的系统工程，应拓展志书资料收集的广度和深度，丰富口述资料内容，提升口述资料质量，补充修志资料，切实服务二轮志书编纂工作。围绕服务二轮修志这一定位，多管齐下，从理论研究、制度建设、工作指导、项目实施、数字化建设、人才队伍、宣传推广等方面，积极采取各种举措。

（一）研究理论，加大理论指导力度

举办口述史理论研讨会，邀请相关科研机构、大专院校的专家学者和实际工作者，围绕口述史的理论、方法、

---

❶ 朱佳木：《努力建设中国特色的马克思主义口述史学》，《中国地方志》2005 年第 2 期，第 4 页。

实践及在地方志领域的应用等问题展开探讨，研究解决开展口述史工作中遇到的难点问题，推动口述史的理论研究；搭建口述史理论与实践交流平台，在地方志期刊杂志中开设"口述历史"栏目，定期推出具有较高学术研究水平、较强实践指导意义的口述史理论文章，及时发布口述资料；开展口述史课题研究，在地方志课题中对口述史研究项目给予更多支持，鼓励有关单位和个人申报口述史研究项目，以课题带动研究。

（二）建立制度，提供规范化保障

当前国内的口述史，不仅缺乏一套关于采访、出版、研究的规范、章程和工作规程，而且从事口述史访谈及整理者往往缺乏必要的口述历史常识及基本技能培训。参照国际惯例，结合工作实际，制定地方志系统关于口述工作的意见和规范，对第二轮志书口述资料搜集、整理、使用等作出明确规定，推动口述史在二轮修志中法制化和规范化。

（三）指导工作，推动开展口述资料收集

主要包括：组织口述资料专题讨论，特别是针对二轮修志初稿中存在的资料不足、缺乏一手资料和鲜活资料等问题开展专题讨论，指导和督促修志单位把收集口述资料作为第二轮修志的一项重要工作常抓不懈；面向各区县、各委办局征集口述资料，立足实际，有重点、有针对性地搜集首都改革开放发展过程中具有典型性的口述资料，述而不论，力求客观公正、存真求实。

（四）实施项目，投入具体口述史实践

一是有重点地开展一系列口述史访谈计划，围绕党史、经济领域改革、北京城市建设与规划等领域确定访谈选题，加强与相关部门的沟通合作，共同推进口述史访谈计划；二是实施抢救性开发，优先考虑安排亲历、亲见、亲闻重大重要历史事件的老同志进行口述访谈，抢救、保存一手"活资料"；三是根据工作进度，定期编纂出版一批口述史的资料文献。

（五）实现数字化，使口述资料妥善保存、信息共享

一是筹建口述资料档案库，主要负责搜集、收藏中外文口述历史资料，包括口述史理论和方法研究方面的文献资料，以及口述历史访谈过程中形成的相关音像文献档案；二是筹建口述资料数据库，在口述资料档案库的基础上，实现口述资料的数字化加工和后续利用。

（六）组建队伍，实施口述史人才培养工程

抽调专人，组建口述史访谈小组，配备必要工作设备，制定激励保障措施，加强人员培训，提升访谈小组的业务水平和工作能力。举办地方志系统口述史培训班，邀请口述史实践经验丰富的专家学者，对二轮志书承编单位、参编单位的负责人和工作人员进行口述史基本理论、基本方法及工作规范的培训。

（七）扩大宣传，加大口述史知晓度和在修志中的影响

加强与中央和市属新闻媒体的沟通合作，注重采用新媒体传播方式，大力宣传地方志系统口述史工作，进一步扩大二轮修志中口述资料的社会影响力。

口述史与地方志渊源深厚，与社会主义新方志关系密切。特别是在当前的二轮修志中，更应重视口述资料的价值并使其发挥更大作用。二轮修志开展口述资料补充工作，时不我待。另外，口述史作为一种诠释历史的全新理念和方法，在服务修志这一定位的前提下，如何为我所用、善用活用，将是当前和未来相当长一段时间值得深入思考的问题。

（作者单位：市地方志办）

试论北京市二轮区县志
人物传收录原则

——以一轮18部区县志为观照

王颖超

内容提要： 人物传是人物志的核心，人物入传的范围、标准，往往是提高人物志质量和衡量人物志价值的关键。本文在研读分析北京市一轮18部区县志人物传的基础上，指出二轮区县志人物传在收录原则上应继承一轮的生不立传和反面人物适当收录原则；而有些原则将发生变化，如略古详今原则将废止、"以原籍为主"向"主客籍并重"甚至"客籍居多"转变、收录主体的身份更加趋向多元性。最后，针对一轮志书中的人物收录数量不平衡及重复与遗漏等问题提出建议，以供二轮修志借鉴和参考。

关键词： 区县志　人物传　收录原则

在我国源远流长的修志传统中，历来重视人物志的编修，所谓"古来志书半人物"，即是说人物志是地方志书的重要组成部分。人物志的体裁多采用传、录、表等形式，其中人物传是人物志的核心，人物入传的范围、标准，往往是提高人物志质量和衡量人物志价值的关键。

北京市一轮 18 部区县志全部设有人物编，其中《海淀区志》❶ 等 11 部志书设人物传，《朝阳区志》等 3 部志书设人物传略，《东城区志》等 4 部志书设人物事略。人物传略和人物事略都是比较简单的人物传。因为本文仅考察人物传，不涉及名录、表等体裁，为便于讨论，暂且把人物传略和人物事略都看作人物传，不作区分。

一、收录原则的"不变"

先说不变。这些原则是广大修志工作者长期摸索、积累、总结出来的，在一轮区县志人物传的编纂中得到了成功的实践，二轮区县志人物传的编纂应该继承并坚持这些原则。

（一）生不立传

章学诚在《修志十议·议传例》中说："史传之作，例取盖棺论定，不为生人立传。"❷ 中国地方志指导小组颁布的《新编地方志工作暂行规定》以及《关于地方志编纂工作的规定》都确立了"人物志要坚持生不立传的原则"。可见，不为生人立传，已成为我国新旧方志编纂共同遵循的一条原则。尽管有人认为"生不立传大有商榷的必要"❶，但这一原则是经得起实践检验的正确原则。这是因为在世的人物还在发展变化，一是"难以对其社会影响做出比较准确的评价"，二是"立传标准很难做到科学公正"，三是志书编纂者"很难公平处理"。❷

生不立传的原则在一轮北京市区县志人物传的收录中得到了普遍重视，18 部区县志人物传共收录了 908 人，全都不属于"生人"。二轮区县志人物传在收录人物时，应该继续遵循这一原则，严格选取在志书断限内已逝世的人物。如二轮《东城区志》（初稿）中指出，史铁生是东城人，2010 年 12 月逝世，但因为志书的下限是 2010 年 6 月，所以不录。

（二）反面人物适当收录

地方志自古就具有"资政、存史、教化"三大功能，为反面人物立传，就是为了从反面来教育民众。北京市一轮 18 部区县志中，有 11 个区县共收录了 23 名反面人物，占收录人物总数的 2.53%。这些人物或是反动分子，或是地主恶霸，或是土匪流氓，把他们入传，是为了让民众从反面人物的经历中吸取教训，更好地起到惩恶扬善的作用。二轮区县志也应该适当收录一些反面人物，由于时代和社会的发展，反面人物的性质会发生变化，比如可以适当收录重大贪污腐败分子、重大刑事犯罪分子、重大经济

---

❶ 蔺茂奎：《"生不立传"非议》，《新疆地方志》1992 年第 2 期，第 2 页。

❷ 段柄仁：《论方志编纂五原则》，《中国地方志》2008 年第 7 期，第 9 页。

犯罪分子等，对民众可以起到警醒的作用，也是很有必
要。收录时要慎重，更要实事求是，这样才能更好地起到
反面教育作用。

二、收录原则的"变"

再说变化。相比北京市一轮 18 部区县志的人物传，
二轮区县志人物传的收录原则将发生以下变化。

（一）略古详今原则将废止

一轮北京市区县志是从事物发端记起，直到下限。❶
从选取人物入传的上限看，最早的是《房山区志》，选择
的是西周时的召公；最晚的是《平谷县志》，选择的是清
同治年间的赵元礼。

从每个时代人物的选取数量上看，18 部区县志都遵
循了略古详今的原则，即越往古代收录的人数越少，越往
近代收录的人物越多。如《顺义区志》人物传共收录 22
人，其中汉代 1 人、宋代 1 人、元代 1 人、明代 3 人、清
代 4 人、民国之后 12 人；《大兴区志》人物传共收录 49
人，其中清代以前 13 人、中华民国时期及新中国成立后
36 人。

二轮北京市区县志是续修志书，下限几乎全部是
2010 年年底❷。志书最长断限是 19 年，最短是 13 年，志

❶ 最早是 1991 年，最晚是 1997 年。
❷ 《东城区志》《崇文区志》《西城区志》《宣武区志》下限为 2010 年
6 月。

书之间的断限差别最多不过 6 年。因此，二轮北京市区县志人物传的收录原则中，略古详今的原则将彻底废止。所有在志书断限内的人物将不再权衡"古"与"今"人数的差别。

（二）"以主籍为主"向"主客籍并重"甚至"客籍居多"转变

1985 年，中国地方志指导小组讨论通过的《新编地方志工作暂行规定》中确定了"立传人物以原籍（出生地）为主"的原则。但实际上，因为经济社会的发展，人口流动性增大，这一原则在一轮志书中就难以实现，有人甚至已经断言"'以本籍为主'走向终结"❶。

一轮北京市区县志人物传收录的主、客籍情况统计如下表❷。

	主籍*（人）	客籍（人）	总计（人）	主籍占总数比例（%）	标明本区域（人）
海淀区志	40	50	90	44.44	23
朝阳区志	11	29	40	27.5	4
西城区志	13	53	66	19.70	0
东城区志	20	55	75	26.67	1
崇文区志	25	25	50	50.00	0
宣武区志	41	106	147	28.07	0

---

❶ 单辉：《14 年来方志人物志编修的得与失》，《黑龙江史志》1995 年第 1 期，第 33 页。

❷ 因标准和技术问题，统计数字可能会有出入，但不影响分析结果。

	主籍* （人）	客籍 （人）	总计 （人）	主籍占总 数比例（%）	标明本区域 （人）
丰台区志	29	24	53	54.72	10
石景山区志	8	23	31	25.81	7
密云县志	35	7	42	83.33	34
通县志	30	9	39	76.92	30
大兴县志	44	5	49	89.80	44
平谷县志	18	7	25	72.00	18
怀柔县志	12	13	25	48.00	11
延庆县志	21	9	30	70.00	20
昌平县志	32	8	40	80.00	32
房山区志	30	13	43	69.77	26
顺义区志	15	7	22	68.18	15
门头沟区志	35	6	41	85.37	33
合计	459	449	908	50.55	308

* 主籍包括祖籍是北京或生于今北京。

从上表可以看出，一轮北京市 18 部区县志人物传共收录 908 人，其中主籍为 459 人，占总数的 50.55%，略高于客籍。《崇文区志》等 11 部志书主籍人数超过客籍人数，占志书总数的 61.11%。据此可以认为一轮北京市区县志人物传的收录原则基本还是以"主籍为主"，或说是"主客籍并重"。

二轮北京市区县志的断限在 20 世纪 90 年代至 2010 年，这 20 来年正处于社会经济飞速发展的阶段，人口流动性大，可以说全国各地的人口在北京都有所居住和活动。因此，在二轮北京市区县志的人物传中，"主客籍并重"甚至是"客籍居多"的情况应该是正常的并可以理解的。如二轮《东城区志》（初稿）中，虽然写明收录原则之一为"主籍、客籍并重"，但实际情况是收录人物32位，东城人（含籍贯是外地但出生在东城）9人，仅占总数的28%；加上未明确标明是东城人，仅标明是北京人（含今属北京）的4人，合起来占总数的40%，也还没有达到"主籍、客籍并重"。但不管怎样，客籍人士必须应该满足"长期定居本地并有重要业绩者"这一限制条件。

还需要注意的是，一轮区县志，比如《西城区志》《崇文区志》《宣武区志》中的主籍仅能表明是"北京人"，而看不出与所在区域有何关系。而有的志书如《海淀区志》中会明确标明是否是海淀人，还会具体到某个乡、村。因此，我们划分主、客籍仅仅是到"北京市"这一层级，而不是具体到"区县"。难以标明具体区域有历史的原因，比如大兴县从金贞元二年（1154）开始定名，历经元、明、清三代，所以我们在旧志典籍中，往往会发现某人是"大兴人"字样，但实际上，此"大兴"和现在的大兴地理区划并不能等同。所以，虽然《大兴县志》中44人的主籍全部都明确标明是"大兴人"，但我们不应该由此就认定是属于现在的大兴。二轮区县志人物传在收录时应该很少遇到这种情况，需注意最好明确区域的所属，以更好地突出区域特色。

（三）收录主体的身份更加趋向多元性

传统的官修志书是为封建统治服务的，所以在旧志中，人物志的收录主体"便合乎逻辑地以显宦、廉史、忠孝节烈之辈为主"❶。一轮北京市区县志人物传已经注意到了收录主体的身份多元性，如《宣武区志》收录147人，其中仕宦文人65人、梨园名宿52人、名家能手30人；《崇文区志》收录50人，其中工业、手工业、城建系统13人，文化教育界15人，卫生体育界6人，商业服务业7人，党政军警5人，民族宗教界1人，其他3人。但由于时代的原因，收录主体的身份相对还是比较单一，抗日战争和解放战争时期的革命人物以及烈士较多。如《昌平县志》把人物传分为知名人物和革命人物两类，其中革命人物18人，占总数的45%；《密云县志》收录42人，其中烈士为26人，占总数的61.90%；《顺义区志》收录22人，其中11人或为早期党员、或为抗日战争和解放战争中牺牲的烈士、或为保护群众利益牺牲的烈士。

二轮区县志人物传的收录主体的身份将更加趋向多元性，各行各业在各自工作岗位或研究领域有突出贡献者都应有所收录，这也适应和体现了时代发展特点。如二轮《东城区志》（初稿）中，有文学艺术家、工艺美术大师、医生、教育家，还有宗教界人士、摄影家、厨师等。

三、问题及建议

最后，针对一轮北京市区县志人物传在收录人物上存

---

❶ 单辉：《14年来方志人物志编修的得与失》，《黑龙江史志》1995年第1期，第32页。

在的一些问题提出改进建议，以供二轮区县志人物传的编纂借鉴和参考。

（一）人物入传的数量不平衡

一轮北京市 18 部区县志各部志书所收录人物的数量有很大差距。

其中，收录人数最多的是《宣武区志》，达 147 人，收录最少的是《顺义区志》，仅 22 人，相差了 125 人。区县志人物传究竟收入多少人物合适，由于各区县情况不同，加上修志者对人物的收录原则和标准的把握不同，很难有统一的说法。但是，应该明确的是，"既戒传主过多而致浮滥，更戒传主太少，无法表现地方历史的全面情况"❶。《宣武区志》和《顺义区志》恐怕存在着这两个极端。因而建议在二轮区县志的编纂中，一是要重视人物传的编纂，提高人物传在志书中应有的分量。二是在收录数量上，应尽可能统一标准，防止过少或过多。

（二）收录人物的重复与遗漏

一轮北京市 18 部区县志人物传共收录 908 人，体现出一个特点：历史名人容易重复收录，而时代越靠后越容易遗漏。如：孙承泽在《海淀区志》《宣武区志》《大兴区志》中都收录；王源在《崇文区志》《大兴区志》中都收录；廉维出现在《东城区志》《密云县志》中；等等。对这个问题不能武断地说不能重复，应本着实事求是的原则，与本区域密切相关就可以收录。如詹天佑虽是广东籍

---

❶ 闻衡：《编纂〈黑龙江省志·人物志〉历史人物传的几点体会》，《中国地方志》1998 年第 4 期，第 46 页。

人，但因其办公地旧址在西城而出现在《西城区志》人物传中，因其主持修建的京张铁路在延庆而出现在《延庆县志》人物传中，这都是符合事实的。又如郭守敬主持过通州至大都运粮河工程，其出现在《西城区志》和《朝阳区志》中，是合理的，而《通县志》中却没有收录，恐怕是不合适的。

还有一种情况是某个人物以客籍身份被其他区县志收录，而本区籍的志书却未收入。如《海淀区志》中的任显宝，标明是门头沟人，但在《门头沟区志》中未见；王贵德标明是怀柔人，但在《怀柔县志》中未见。《延庆县志》中收录郭蔼仁，标明是大兴人，但在《大兴县志》中未见，等等。针对这种情况，建议在二轮区县志的编纂中，各区县加大沟通，互通有无。在人物的选取上，尽可能突出与本区域的联系和特色。

人物传的编纂本来就是一项繁难的工作，加之二轮北京市区县志断限所处于社会生活发生巨变的时代，而北京作为首都，其人员构成的复杂性和流动性又都比较大，所以编纂人物传更是难上加难。本文所述仅涉及人物的收录原则，并未涉及更深层次的标准如何把握、具体如何编纂等，因而难免以偏概全，加之个人水平、能力有限，恐有许多不足乃至谬误之处，敬请大家补充指正。

（作者单位：市地方志办）

从首轮《北京志·房地产志》看二轮区县志房地产编章的记述

叶开锋

内容提要：本文通过研读首轮《北京志·房地产志》，旨在探讨二轮区县志房地产篇目如何设置和内容如何记述；以及在记述中如何把握述而不论及专志贵专、区域志贵全等问题。

关键词：北京志　区县志　房地产　记述

首轮《北京志·房地产志》（以下简称《房地产志》）在业界享有盛誉，被评价为一轮北京志乃至全国志书中的精品力作。笔者慕名拜读，一来是学习研读取经，二来是为二轮志撰写提供借鉴思考。另外，在二轮断限时间内，随着国家改革开放的深入推进和经济建设的飞速发展，房地产作为国民经济的支柱产业也得到突飞猛进的发展。它对于城市化、现代化、国家财政税收以及人民群众生产生活都具有重要意义。因此对于房地产内容的记述应该成为二轮志的重要内容。笔者作为负责区县志指导的业务人员，试图通过研读首轮《房地产志》，对比业已审读过的几部区县志初审稿，来探索二轮区县志房地产编章记述的一些规律性东西，以供借鉴。

一、关于专志贵专、区域志贵全

《房地产志》作为专志，相比区县志的房地产记述肯定要全面专业。相反，区县志因为追求区域内自然、政治、经济、文化、社会等一方之全史，所以不可能深入地记述某一方面的东西，只能点到为止。但就首轮《房地产志》来说，由于其上限起于发端，下限断于 1990 年，所以就某一纵写单元而言，因为其时间跨度长，记述的内容纵线长，涉及的事物多，鉴于篇幅的限制，对于事物的记述未必就记述很详细。如房屋建筑章，下设宫殿、王府，住宅，寺观、教堂，会馆，办公用房，使馆，工业厂房，商业用房，旅馆饭店，学校校舍，科研用房，文化用房，医疗用房，体育场馆 14 节，由于跨度时间长、涉及建筑多，所以重在记述时间脉络和建筑的多样性，而就某一具体时限及某一类建筑而言则未必记述很细。所以从此角度来说，专志贵专只是相对而言。但二轮《房地产志》因为断限只有 20 年，涉及的记述对象相对较少，因此可以花大量篇幅将事情记述清楚，专志贵专也就能充分体现出来。再来看二轮区县志房地产的记述，就目前 18 部区县二轮志篇目来说，都设有房地产的相关章节，这也体现了区域志贵全的要求。"贵全"其实说的是不漏项，如果区域内有事物没有作记述，这是区域志最大的弊病，很难说是一部合格的志书。但"贵全"也是相对的，"全"首先是篇目设置上不漏项，必须要有房地产的内容；同时就房地产下记述哪些内容，是不是面面俱到，像专业志那样记述很细很到位，则未必如此。二轮区县志房地产编章重要的是把区域内房地产发展情况记述清楚，而对于一般的普遍的房地产机构、住房管理住房保障政策、中介服务、物业管理等可略记或不记。后者可以在专业志中核查，但对于地域特色的房地产发展情况则只能在区域志中才能记述清楚。综上所述，在二轮北京房地产志记述中，要充分发挥专业志和区域志的特长，相互沟通，明白各自定位，既在区县志中记述出各区县的房地产发展特色来，比如通州的"睡城现象"，昌平的回龙观、天通苑保障房社区等；又在市志的《房地产志》中把全市普遍的情况详细记述到位，这样全市的房地产情况就能很好地呈现在世人面前。

二、关于房地产篇目的设置

首轮《房地产志》只设房屋管理、土地管理、房地产管理体制篇，显示其单一、专业的特点。但篇下设 15 章 55 节，显示其涵盖内容的丰富性和多样性。相比二轮志来说，由于时间跨度、发展阶段的不同，一轮篇目对二轮看似没有很大的指导意义。但因为同属房地产，一些基本的东西仍有传承价值。比如房屋建筑、产权、买卖租赁、修缮改造、土地利用、征用及管理机构等都有沿袭的特点，认真研究一轮志对做好二轮篇目的设置仍有一定的指导意义。另外一轮志记述了新中国成立后自 20 世纪 50 年代起一直到 80 年代末才结束的房屋互换工作。这项工作历经几十年，牵动中央及北京市党政机关、国有企事业单位及普通群众，取得了很大成效，为改善群众生活质量、缓解公共交通拥堵等发挥了重要作用。时至今日，很多人已经把它淡忘了。今天北京房地产发展已经是日新月异、突飞猛进，但随之而来的交通拥堵已成顽疾。如何化解此难题，过去的换房这种方法是否也提供了一种思路，当然具体能否操作且如何操作还需要调研论证。此例子对于二轮志篇目设置乃至记述上提供了一种启示，即把有特色且阶段性存在的东西记述下来，为后来人提供史料和借鉴。二轮区县志房地产篇目的设置要本着体现时代性、区域特色性要求，力求设置符合本区县区情和特色的房地产篇目。就目前通过初审的《通州区志》《石景山区志》以及已提交初稿的《东城区志》来看，《通州区志》设置房地产业编，下设房地产开发与经营、房地产开发企业、房地产管理三章；《石景山区志》分别在城市规划与建设编下设房地产与住宅建设章，在城市管理编下设国土资源管理、房屋管理章；《东城区志》则在城市建设与城市管理编之城市建设章下设国土资源、房屋节，在城市管理章下设房屋管理节。三部区志就房地产篇目处理各异，编章节各有设置，这与三个区的功能定位是密不可分的。东城区作为老城区，房地产开发建设受各种限制，规模不大；石景山区作为近郊区则规模稍大；通州区作为远郊区县，又是房地产重点开发的区县，近年来房地产建设突飞猛进，号称"睡城"，因此单设房地产编也是符合通州区情的。总之，18 部区县志应根据自身情况，或设编、或设章、或设节，目标是把近 20 年房地产发展情况记述清楚。

三、关于房地产编章内容的记述

首轮《房地产志》在篇的设置上尽管只设了 3 篇，但其下设 15 章 55 节，也就决定了其记述内容的丰富性。实际上，在内容记述上，它不仅记述了 14 种类型的房屋建筑，也记述了房地产管理的各种形式及管理体制，同时也对各个历史阶段的建筑、管理制度等作了详略不同的介绍，较好地梳理了几千年来北京房地产及其管理的发展历史，为人们了解北京房地产史提供了很好的脉络和思路。二轮志在内容上主要集中于近 20 年，房地产建设和管理也相对单一，因此记述上要重在记述数量、规模和发展细节，要在沿袭一轮《房地产志》一些基本的东西之外，重在记述新兴事物，诸如规划、物业、中介、拆迁，等等。结合首轮志书及二轮区县志初审稿来看，二轮区县志房地产的记述应包含以下记述要素：房地产开发（含各种商品房、保障房等住宅，各种商业及配套设施、各种类型的用房等）；房屋产权、买卖、租赁、修缮、拆迁改造、住房保障、房改等；为房地产服务的中介、物业等；土地资源及利用、地籍管理、土地征用等；管理机构和体制等。当然各区县可结合本区县情况对上述记述要素有所取舍和侧重，但不能有大的缺项，否则很难称其为合格。如《通州区志》初审稿虽然设置了房地产业编，但从其记述要素来看存在大的缺项：各种商业及配套设施、各种类型的用房没有涉及，各种商品房、保障房等住宅也记述不到位，与通州房地产发展现状不符；房屋拆迁修缮改造、买卖租赁没有涉及或涉及不多，地籍管理、土地征用等也没有涉及，房屋、土地规划也没有记述。总之作为房地产发展重点区县，《通州区志》初审稿记述还是远远不到位的。

四、关于房地产记述的述而不论问题

首轮《房地产志》本着述而不论、客观记述的原则对有史以来北京房地产发展情况作了如实记述。比如说对房租、地租、地价、房地产税等的记载，对新中国成立后房屋调配、互换的记述，都很客观地进行了叙述，留作后人评价，以资借鉴。但事实上述而不论也不是绝对的，对于其效果和作用，文字中还是有褒贬色彩的。如对于新中国成立后持续数十年的换房工作，志书借用 1978 年 3 月 30 日北京市房地产管理局下发的文件《北京市房屋使用、交换暂行办法》的内容，即"对一切有利于解决职工的居住困难，有利于促进合理用房，符合规定的换房，均应大力支持，不得以各种借口进行阻扰"。虽为引用，但侧面反映了撰稿者对此项工作的态度。实际上在志书记述中，引用文件、名人的评价来达到寓评价于记述之中的目的是志书惯用的方法。在二轮区县志房地产记述中，如何处理述而不论问题也值得探讨。改革开放以来，经济发展伴随着城市化日益发展，由此导致的房屋拆迁、房地产建设迅猛推进。房地产业成为国民经济支柱产业，也影响着政府施政、企业生产、工商业发展、人民群众居住条件改善等各个方面。同时也带来城市病泛滥、房价畸高等种种弊病，反映出政府土地财政的施政弊端、开发商唯利是图的良心缺失、人民群众被房价绑架的切肤之痛。功过各具、利弊参半始终伴随着房地产业的发展。因此如何记述好区县二轮志的房地产内容，特别是对其利弊如何看待是个绕不开的话题，是述而不论还是述而有作？值得探讨。笔者以为：第一，对于已经有公论意见的，应该直接或借用引言进行评价，比如说通州的"睡城现象"，有住宅无产业的城市规划，这在目前已有定论。另外像回龙观、天通苑这类住宅小区，住建部副部长仇宝兴认为："第一代新城就像北京的回龙观，新城区里有 30 万人口，但却很少有就业岗位。大部分人早上涌到老城里来，晚上又涌回新城，造成巨大的钟摆式城市交通。实践证明，这类新城是失败的。"❶ 类似的情况，二轮志书可以予以评价。第二，对于目前没有定论，但已为人们所关注的问题，应该表明态度，让大家去反思。比如像上述天通苑、回龙观、通州等住宅建设造成交通拥堵等问题背后的城市规划失误问题，二轮撰稿者应该表明态度，让后来者借鉴反思。第三，有些问题比如像一轮《房地产志》中记述的换房工作，在今天看来仍可以为首都缓解交通拥堵等提供思路，

---

❶ 《住建部副部长仇保兴：北京回龙观、天通苑是失败的》，新华网，2014 年 2 月 23 日。

但当时我们不能这么评价。类似这种还未产生影响却很有意义的事物，需要我们撰稿者有前瞻的思考，敏锐的洞察力、超前的意识去把它客观记述好，而可以不做任何评价。

（作者单位：市地方志办）

章氏●方志从史义例考略

李昌海

内容提要：清人章学诚著《文史通义》，该书是继《史通》之后又一部著名的史学评论专书。章氏在书中讨论各类史体的发展演变及其得失长短的同时，站在服务史学的立场上，对作为史裁之备的方志提出了许多新的观点，并在总结前人修志经验的基础上，对方志义例多所创设。本文通过对书中关涉方志义例的部分文献进行考察梳理，试图把握章氏以服从治史为核心的方志理论的基本思想及修志义例旨要。

关键词：章学诚　方志　从史　义例

一、史书为宗，博雅为美

章氏在《报广济黄大尹论修志书》提出："盖方志之弊久矣，流俗猥滥之书，固可不论，而雅意拂拭，取足成家，则往往有之。大抵有文人之书，学人之书，辞人之

● 此处章氏指代清代著名方志学家章学诚，下同。

书，说家之书，史家之书，惟史家为得其正宗。而史家又有著作之史与纂辑之史，……而纂辑之史，则以博雅为事，以一字必有按据为归，错综排比，整炼而有剪裁，斯为美也。"

章氏认为在众书之中唯有史家之书为正宗，史书又分著作之史与纂辑之史，而方志流弊久矣，须仿纂辑之史，达致博雅之美才符合方志义例。

二、方志如古国史，非地理专门

章氏在《记与戴东原论修志》中提出："方志如古国史，本非地理专门。"强调方志并非地理专书，不能只重地理沿革，也要重视文献征引。又在《为张吉甫司马撰大名县志序》一文中详细陈述了章氏方志的基本观点："郡县志乘，即封建时列国史官之遗；而近代修志诸家，误仿唐、宋州郡图经而失之者也。《周官》外史掌四方之志，注谓若晋之《乘》，楚之《梼杌》，鲁之《春秋》。是一国之史，无所不载，乃可为一朝之史所取裁。夫子作《春秋》，而必征百国宝书，是其义矣。若夫图经之用，乃是地理专门。按天官司会所掌书契版图，注版谓户籍，图谓土地形象，田地广狭，即后世图经所由仿也。是方志之与图经，其体截然不同；而后人不辨其类，盖已久矣。……今之图经，则州县舆图，与六条宪纲之册，其散著也。若元、明之《一统志》书，其总汇也。散著之篇，存于官府文书，本无文理，学者所不屑道。统汇之书，则固地理专门，而人物流寓，形胜土产，古迹祠庙诸名目，则因地理而类撮之，取供文学词章之所采用，而非所以为书之本意也。故形胜必用骈俪，人物节取要略，古迹流连景物，祠庙亦载游观，此则地理中之类纂，而不为一方文献之征，甚皎然也。……知方志非地理专书，则山川、都里、坊表、名胜，皆当汇入地理，而不可分占篇目，失宾主之义也。知方志为国史取裁，则人物当详于史传，而不可节录大略；艺文当详载书目，而不可类选诗文也。知方志为史部要删，则胥吏案牍，文士绮言，皆无所用，而体裁当规史法也。此则其可言者也。夫家有谱，州县有志，国有史，其义一也。然家谱有征，则县志取焉；县志有征，则国史取焉。"

在章氏看来，近代方志长久以来误仿舆地图经之失，又陷地理类纂之弊，不为文献之征，终难现其文理，而不为国史取裁。方志体裁应当按照史法，收回地理各篇，人物传记详于史传而非节略，艺文详载书目而非节选，此种观点与现代方志学有关方志起源于古代舆地图经和地理专书的观点相左，却又符合了现代方志强调资料性为第一属性的基本特点。

至于方志义例，章氏提出："且今之修方志者，必欲统合今古，盖为前人之修是志，率多猥陋，无所取裁，不得已而发凡起例，如创造尔。如前志无憾，则但当续其所有；前志有阙，但当补其所无。夫方志失修，远者不过百年，近者不过三数十年。"章氏认为前人所修之志，从史体的角度看来，率多猥陋，无所取裁，所以需要发凡起例，创修方志义例，以续补前志之失，且需历经数十年一修。

章氏还指出，一般志中常设"古迹"一目有所不当，认为"古迹非志所重，当附见于舆地之图，不当自力专门。古迹而立专门，乃统志类纂名目，陋儒袭之，入于方志，非通裁也"。进一步说明作为史裁之方志，按史体法不应当专门设"古迹"此一类纂名目。

三、六经皆史以证三书之议

章氏提出方志应该析分为三家之书，指出"凡欲经纪一方之文献，必立三家之学，而始可以通古人之遗意也。仿纪传正史之体而作志，仿律令典例之体而作掌故，仿《文选》《文苑》之体而作文征"。

为力证三书之议，章氏论证了"六经皆史"❶的观点，指出"古无私门之著述，六经皆史也。后世袭用而莫之或废者，惟《春秋》《诗》《礼》三家之流别耳。纪传正史，《春秋》之流别也；掌故典要，官《礼》之流别也；文征诸选，风《诗》之流别也"。

古之六经指《诗》《书》《礼》《易》《乐》《春秋》。章氏认为，后代对六经的沿用存废，最终都成为《春秋》《诗》《礼》三家之变而已。而章氏三书之志、文征与掌故正是《春秋》《诗》《礼》三家之学的流变而已。

章氏又进一步论证了六经如何演变为三家之学。"或

---

❶ "六经皆史"的观点一般认为由章学诚提出。另有人提出，此观点古已有之，著名的如隋代王通、明代王世贞等人。

曰：文中子❶曰：'圣人述史有三，《书》《诗》与《春秋》也。'今论三史，则去《书》而加《礼》，文中之说，岂异指欤？曰：《书》与《春秋》本一家之学也。""或曰：《乐》亡而《书》合于《春秋》，六艺❷仅存其四矣。既曰六经皆史矣，后史何无演《易》之流别欤？曰：古治详天道而简于人事，后世详人事而简于天道，时势使然，圣人有所不能强也。……《易》之为书也，开物成务，圣人神道设教，作为神物，以前民用。……所谓天道远而人事迩，时势之不得不然。是以后代史家，惟司马犹掌天官，而班氏以下，不言天事也。"

在章氏看来，《书》与《春秋》乃一家之学，皆属史书范畴。❸《乐》失传而亡。《易》书言天道之事而非人事，随着历史发展，从班固开始被史学家用言人事之书代替。至此，六经演变为《春秋》《诗》《礼》三书。

章氏指出，之所以立三书议，目的在于强调方志为国史取裁的地位与作用，而在当时看来方志并未发挥其应有的国史取裁的作用。章氏认为："或曰：自有方志以来，未闻国史以为凭也。今言国史取裁于方志，何也？曰：方志久失其传，今之所谓方志，非方志也。其古雅者，文人游戏，小记短书，清言丛说而已耳；其鄙俚者，文移案

---

❶ 王通（580~617），字仲淹，号文中子，隋朝著名教育家、思想家。见《文中子中说》卷七《述史篇》。

❷ 六经，有时又称六艺，不过和华夏文明早期的六艺，即礼、乐、射、御、书、数六大领域的技艺有所不同。

❸ 朱自清先生曾撰文指出："《尚书》是中国最古的记言的历史。"另外《春秋》是中国现存最早的一部编年体史书。

牍，江湖游乞，随俗应酬而已耳。……国史不得已而下取
于家谱志状，文集记述，所谓礼失求诸野也。然而私门撰
著，恐有失实，无方志以为之持证，故不胜其考核之劳，
且误信之弊，正恐不免也。盖方志亡而国史之受病也久
矣。方志既不为国史所凭，则虚设而不得其用，所谓觚不
觚也，方志乎哉！"由此可见，章氏认为当时方志编纂的
内容取裁、核实征信是存在问题的，这种方志的流弊不足
以为国史所凭，以至于国史编纂不得不取材于家谱文牒和
个人文集，不得不说是方志之失。

四、建立完备的史裁体系

《礼记·大学》载："古之欲明明德于天下者，先治
其国；欲治其国者，先齐其家；欲齐其家者，先修其身。"
修身、齐家、治国、平天下是古代文人的社会理想。章氏
作为史学家，从修史的角度提出了如何建立完备的史裁体
系的观点："且有天下之史，有一国之史，有一家之史，
有一人之史。传状志述，一人之史也；家乘谱牒，一家之
史也；部府县志，一国之史也；综纪一朝，天下之史也。
比人而后有家，比家而后有国，比国而后有天下。惟分者
极其详，然后合者能择善而无憾也。谱牒散而难稽，传志
私而多谀，朝廷修史，必将于方志取其裁。而方志之中，
则统部取于诸府，诸府取于州县，亦自下而上之道也。然
则州县志书，下为谱牒传志持平，上为部府征信，实朝史
之要删也。"

在章氏看来，从史学的角度来看，个人传状志述是一

人之史，家乘谱牒是一家之史，部府县志是一国之史，综纪一朝是天下之史。个人的传状志述和家乘谱牒为方志取裁，方志为朝史取裁。❶ 就方志而言，州县为诸府取裁，诸府为统部取裁。

五、章氏方志义例举要

（一）纪

章氏在《永清县志皇言纪序例》中，论述有关方志采用"纪"体可行时，参循司马迁、班固的史书体例，认为"至于方志撰纪，所以备外史之拾遗，存一方之抵奉，……是以恭录皇言，冠于首简，与史家之例，互相经纬，不可执一例以相拘焉"。章氏认为，作为恭录皇言的志书可以用"纪"体，但不可称"本纪"，后者只在正史中使用。

在"纪"体记述的内容上，章氏在《永清县志恩泽纪序例》中考证了《尚书》《春秋》，认为"古者，左史纪言，右史纪事，朱子以谓言为《尚书》之属，事为

---

❶ 章氏在《方志立三书议》中曾言及"余考之于《周官》，而知古人之于史事，未尝不至纤析也。外史掌四方之志，注谓：'若晋《乘》、鲁《春秋》、楚《梼杌》之类'，是一国之全史也"。这里的国史指周代的封建邦国，但是章氏反对将方志体例比拟于古国史。"或曰：封建罢为郡县，今之方志，不得拟于古国史也。……方志不得拟于国史，以言乎守令之官，皆自吏部迁除，既已不世其家，即不得如侯封之自纪其元于书耳。其文献之上备朝廷征取者，岂有异乎？人见春秋列国之自擅，以谓诸侯各为制度，略如后世割据之国史，不可推行于方志耳"。如果方志在体例上比拟于国史，则类同于朝史，无法作朝史备删之用。

162

《春秋》之属，其说似矣"。

在方志中"纪"言与事问题上，章氏认为"方志纪载，则分别事言，统名以纪，盖所以备外史之是正，初无师法《春秋》之义例，以是不可议更张耳"。

（二）表

章氏在《永清县志职官表序例》中，论述"职官选举"时，提到了"表"体，认为"职官选举，入于方志，皆表体也。而今之编方志者，则曰史有百官志与选举志，是以法古为例，定以鸿名，而皆编为志，斯则迂疏而寡当者矣"。单纯参照史体的"百官志"和"选举志"将职官选举依古法例统编为志是不当的。在章氏看来这是在用史体来编志，正确的处理方式应当是"至于方志所书，乃是历官岁月，与夫科举甲庚，年经事纬，足以爽豁眉目，有所考索，按格而稽，于事足矣"。按照年经事纬的体式列表，就不至于使不同的典章制度颠倒混乱。

章氏在《永清县志士族表序例》中强调了"表"体在记载士族世系中的作用，认为"夫合人而为家，合家而为国，合国而为天下。天下之大，由合人多家始也。家不可以悉数，是以贵世族焉。夫以世族率齐民，以州县领世族，以司府领州县，以部院领司府，则执简驭繁，天下可以运于掌也"。从维护封建等级秩序的角度，章氏指出了重视"世系"贵族的重要意义。但是在章氏时代的方志却重户口之书而轻世系之牒，"夫民贱而士贵，故夫家众寡，仅登其数；而贤能为卿大夫者，乃详世系之牒；是世系之牒，重于户口之书，其明征也。近代方志，无不详书户口，而世系之载，阒尔无闻，亦失所以重轻之义矣"。为杜绝魏晋时期氏族大系门阀之争的流弊，章氏提出"若其谱牒，掌于曹郎令史，则固所以防散佚而杜伪托，初非有弊也。且郎吏掌其谱系，而吏部登其俊良，则清门巨族，无贤可以出长，无能可以出治者，将激励而争于自见矣。是亦鼓舞贤才之一道也"。章氏认为世系谱牒如果能够掌握在史官手中，不仅能防止杜撰造假，还可以激励氏族贤才的出现。可见章氏提出方志中用"表"体载世系谱牒仍是为史官与史裁服务。

章氏在《亳州志人物表例议下》中提出了方志中人物传与人物表所存在的痼弊，"史自司马以来，列传之体，未有易焉者也。方志为国史所取裁，则列人物而为传，宜较国史加详。而今之志人物青，删略事实，总撷大意，约略方幅，区分门类。其文非叙非论，似散似骈；尺牍寒温之辞，簿书结勘之语，滥收猥入，无复鬓裁。……所谓似表非表，似注非注，其为痼弊久矣。是以国史宁取家乘，不收方志，凡以此也"。章氏严厉地指出，方志中本该详加记述的人物传却删略事实，约略篇幅，使得方志似表非表、似注非注，以致国史宁愿取裁家乘谱牒也不愿取裁方志。章氏继而提出人物列表有三善："今于传删人物，而于表列帝王，则去取皆宜，永为成法。其善一也。""兹于古人见史策者，传例苟无可登，列名人物之表，庶几密而不猥，疏而不漏。其善二也。""传无可著之实，则文不繁猥；表有特著之名，则义无屈抑。其善三也。"最后，他认为"方志之表人物，将以救方志之弊也"。

（三）建置之图

章氏在《永清县志建置图序例》中强调了建置之图的重要意义。"盖古今宫室异宜，学者求于文辞，而不得其解，则图阙而书亦从而废置矣。后之视今，亦犹今之视古。……不为慎著其图，则后人观志，亦不知所向往矣。迁、固以还，史无建置之图，是则元、成而后，明堂太庙，所以纷纷多异说也。"章氏吸取史书中无建置之图导致异说纷纭的教训，认为方志中建置部分如果只有文辞而缺图，则建置就会变为废置而无从考证。

章氏还指出了近代方志建置中的错置与绘图之弊。从"严史体"的角度，指出"建置所以志法度也，制度所不在，则不入于建置矣。近代方志，或入古迹，则古迹本非建而置之也；或入寺观，则寺观不足为建置也。旧志之图，不详经制，而绘八景之图，其目有曰：南桥秋水，三塔春虹，韩城留角，汉庙西风，西山叠翠，通镇鸣钟，灵泉鼓韵，雁口声嘶。命名庸陋，构意勉强，无所取材；故志中一切削去，不留题咏，所以严史体也。且如风月天所自有，春秋时之必然，而强叶景物，附会支离，何所不至"。章氏从史体的角度严厉批判了方志中建置之图不详绘而绘八景之图的做法是"命名庸陋，构意勉强，无所取材"，这种做法不仅与史裁无益，更是"附会支离，何所不至"，以致使方志体例尽丧。

（四）列传

章氏在《永清县志列传序例》中，从史裁的角度，论述了方志中人物列传的意义。章氏通过考诸史文中人物传的流变后指出："元、明《一统志》，遂以人物、列女、名宦、流寓诸目，与山川、祠墓，分类相次焉。此则地理专门，略具类纂之意，以供词章家之应时取给尔，初不以是为重轻者也。……原不关正史体裁也。州县之志，本具一国之史裁，而撰述者转用一统类纂之标目，岂曰博收以备国史之约取乎？"章氏认为元、明《一统志》以人物、列女、名宦、流寓诸目列于志中，只具类纂之意，不具国史备要之体。又进一步指出了类纂之弊："方州之志，删取事略，区类以编，观者索然，如窥点鬼之簿。至于名贤、列女，别有状志传铭，又为分裂篇章，别著艺文之下。于是无可奈何，但增子注，此云详见某卷，彼云已列某条，复见叠出，使人披阅为劳，不识何故而好为自扰也。此又志家列传之不可不深长思者也。"在章氏看来，不具史体的人物分类编纂，不仅观者索然无味，更使相关人物记载支离破碎，费时费力难观其全貌而不利择取利用。所以，章氏主张"近代之人，据所见闻，编次列传，固其宜也"。"志家选史传以入艺文，题曰某史某人列传矣"。

章氏在《永清县志前志列传序例》中还考诸史家渊源，主张为前志编者列传，认为："志乘为一县之书，即古者一国之史也，而世人忽之。则以家学不立，师法失传，文不雅驯，难垂典则故也。"他认为只有仿照史学为前人列传才能增加方志的考辨，"是则一方之书，不能无藉于一方之纪载。而志家不列前人之传，岂非得鱼忘筌，习而不察？又何怪于方志之书，放失难考耶？"

（五）掌故

章氏在《亳州志掌故例议下》中提出方志修其掌故可明其志义。通过考诸经、史源流，章氏认为"以存一时掌故，与史相辅而不相侵，虽为百世不易之规，可也"。作为国史要删的方志，章氏则认为"今之方志，猥琐庸陋，求于史家义例，似志非志，似掌故而又非掌故，盖无以讥为也"。从治国史到治方志，章氏主张："夫治国史者，因推国史以及掌故，盖史法未亡，而掌故之义不明，故病史也。治方志者，转从掌故而正方志。盖志义久亡，而掌故之守未坠；修其掌故，则志义转可明矣。……志义欲其简而明也，然而事不可不备也。掌故欲其整以理也，然而要不容不挈也。……夫志者，志也。其事其文之外，盖有义焉，所谓操的之道者此也。而或误以并省事迹，删削文字，谓之简也；其去古人，不亦远乎？"可见，章氏主张方志作为国史要删，修其掌故可以通过其文其事而彰显其义也。

（六）志

章氏在《与石首王明府论志例》中提及"志为史裁，全书自有体例。志中文字，俱关史法，则全书中之命辞措字，亦必有规矩准绳，不可忽也"。章氏常言及"志者，志也"，认为志作为方志体例，俱关史法，其文字措辞必须遵循一定法度。他通过列举县邑职官等例子来说明省字别称严重损害事理，从而有违史法。所谓"'名不正则言不顺'，而事理于焉不可得而明。是以书有体裁，而文有法度，君子之不得已也"。"如《石首县志》，举文动称石邑，害于事也。地名两字，摘取一字，则同一字者，何所分别？即如石首言石，则古之县名，汉有石成，齐有石秋，隋有石南，唐有石岩，今四川有石柱厅，云南有石屏州，山西有石楼县，江南有石埭县，江西、广东又俱有石城县，后之观者，何由而知为今石首也？"

六、小结

章氏作为古代著名目录学家和史学家，对于有史以来历代文献考证与史体流变多有研究。站在史学正宗的立场上，章氏明确指出方志作为古国史应当仿照史体，摆脱古代舆地图经与地理类纂的束缚。他提出并通过"六经皆史"的史学流变论证了方志"三书"之议以备国史要删的正当性，同时主张建立一套完备的自下而上（或自上而下）的史裁体系。在具体的方志体例中充分展现了章氏方志理论的具体思想。

无论章氏方志理论的历史评价如何，章氏以其提出的较为系统的方志学理论而被梁启超称为中国方志学的创始人，但章氏方志学理论始终围绕的中心则是服务和服从于治史。世易时移，当今的社会对治史的地位和作用的认识已经发生明显改变，但是在强调"修志为用"的今天，参照学习章氏服务史学的方志理论，对于建设社会主义新方志的目标无疑具有巨大的启发意义。

（作者单位：市地方志办）

浅析第一轮志书中志体的使用

刘　芳　李　珊

　　内容提要： 本文从志体出发，结合相关史志理论，对第一轮志书中志的使用，从记述要素、语言特点、结构形式等方面进行初步分析，并对第二轮修志工作中志的运用提出几点建议。

　　关键词： 一轮志书　志体　使用

　　《北京志·房地产志》（以下简称《房地产志》）和《北京志·建筑志》（以下简称《建筑志》）是 20 世纪 80 年代以来北京市第一轮修志的优秀成果，在当代北京社会发展的过程中起着资治、存史、教化的重要作用。以《房地产志》为例，全书分 3 篇 15 章，计 50 余万字，参加修志人员近百人，从 1991 年 10 月编委会成立到 1999 年 10 月志书出版，数易其稿，编纂过程历时八年。如此沉甸甸的修志成果，完整再现了北京城市建设的发展历程，尤其体现出北京的首都特色。其编纂过程中积累的经验，为第二轮修志工作打下了良好的基础，特别是两志对志体的运用，首开先河，为二轮修志提供了有益的借鉴。

本文从志体出发，结合相关史志理论，对一轮志书中志体的使用，从记述要素、语言特点、结构形式等方面进行初步分析，并对二轮修志工作中志体的使用提出几点建议。

一、志体与志

志体，即志书体例，包括志书体裁与凡例。志书体例对志书编写格式、组织原则、篇目结构等方面的规范，是影响志书质量的关键因素。志书体裁，是指志书内容的剪裁形式，用以区别志书不同于其他文体的组织形式。志即记述，是志书的主体，也是志书的主要体裁形式。

从志体的发展及学界研究来看，志一直没有被专门强调作为一种体裁发挥其在志书中的作用。在旧志理论中，以章学诚为代表，将志作为志书体例的主要组成部分，以此对其定位。章学诚的"三书四体"说，即强调了志作为体例的编纂思想。他说："凡欲经纪一方之文献，必立三家之学，而始可以通古人之遗意也。仿纪传正史之体而作志；仿律令典例之体而作掌故；仿文选文苑之体而作文征。三书相辅而行，缺一不可；合而为一，尤不可也。"❶志是撰述，掌故与文征是存史资料与证史文选，在这种设定下，志由纪、表、考、传四种体裁形式来实现记述。

从旧志发展到新志，志书体例在不断地发展变化，在

---

❶ 薛红：《中国方志学概论》，黑龙江人民出版社1984年，第63页。

这个过程中，志作为一种体裁，并且是志书主要体裁的定位逐渐清晰起来。但志书编纂并不拘泥于按体裁分类，大多数方志学家同意黎锦熙所主张的"类不关文""文不拘体"，体裁应灵活应用的观点。❶《中国方志学》中明确列出五种方志体裁，分别是记、志、传、图、表，其中志指专记单项事物的各个分志体裁而言。❷《北京市第二轮修志指导手册》中将志书体裁扩展为述、记、志、传、图、表、录、补、考、索引十种形式。志即记述，是志书的主体部分，按照篇、章、节系统组织排列资料而形成的能够反映志书主题的内容。❸ 由此可以看出，志作为志书的主要体裁，其定位已相对稳定。

志通过记述的方式，使志书零散的资料形成一个系统的整体。从微观来说，志的记述由时间、主体、客体三个要素组成。❹ 其语言特点是简洁、朴实、严谨，采取平铺直叙的方式，行文风格相对朴实、平淡。志按照横分纵述的结构组织、排列、记述志书正文。

时间、主体、客体三个要素，从原则上来说缺一不可。时间通常以年月日的形式来表示，由于志书反映时代特征，而时间又是时代特征的重要表现形式，因而志的记述中时间要素不可少。主体是志所记述事物或活动

❶ 薛红：《中国方志学概论》，黑龙江人民出版社1984年，第149页。

❷ 北京大学中国传统文化研究中心主编、王德恒著：《中国方志学》，大象出版社1997年，第52~68页。

❸《北京市第二轮修志指导手册》，第3~9页。

❹ 主体、客体的概念在此借用哲学意义上主体、客体的概念。主体指实践活动和认识活动的承担者，客体指实践活动和认识活动的对象。

的承担者，可以是人，也可以是社会组织、团体或国家机关。由于志书是官修性质的资料著述，纂修者通常是以官方立场来记述志书内容，因此，在志的记述中主体反而常被省略。主体是否可以省略应视具体情况而定，如果省略后没有出现歧义或无法认定主体的情况，则可以省略；如果省略后无法辨认主体是谁，则应将主体记述出来。客体是指志所记述事物或活动的对象，通常是客观事物或组织制度等。由于志书记载地方或行业内容，大到国家或政府的政策内容，小到街巷庭院的名称变化，因而志的记述中客体要素不可少。

志的语言朴实、简洁、严谨，遵循述而不论的原则。朴实、简洁是志体语言最基本的要求，因此，记述时不能堆砌辞藻、妄加形容，而应本着实事求是的原则，将事物的原貌还原出来，语言要朴实、简洁。志所使用的材料来自档案、历史文献等，编纂时要求出处明确，因此，志的记述要言之有据，要语言严谨，不要出现"据说""可能"之类模棱两可的词句。志的记述多采取平铺直叙的方式，手法相对单一，较为常用的表现手法有引用、对比等。引用是对历史典籍和文献处理时采用的一种方式，遵循忠实原文的原则，尽量使用原文的记叙方式，或将原文文意记叙清楚；对比是对两种同质异态的事物进行叙述时，可以总结两者各自的特点来具体表述。

志的记叙结构是横分纵述，具体要求是横不缺要项，纵不断主线。横排门类，以类系事，做到合理安排篇目章节，领属得当；纵述历史，抓住事物发展的主线，详今略古，记述历史发展的整个进程。志书记载纵横方向的内容虽然全面，但不可能事无巨细，因而志的记述也要有轻重主次之分，在结构形式上突出一个"要"字和一个"主"字，横分门类，不缺要项，纵述历史，不断主线，不能"胡子眉毛一把抓"或者"捡了芝麻，丢了西瓜"。只有抓住了"主"和"要"，做好点面结合的工作，使纵面记述和横面记述串成一体，才能显示出志书的层次性和逻辑性来，协调好志书局部与全局、深度和广度之间的关系。

二、第一轮志书中志的运用

（一）记述完整，要点清晰

不论是对事物的结构、事件的历史或是规章制度的记述，两部志书都做到抓住三要素，记述全面、完整。例如《建筑志》中对"波兰大使馆"的记述："1960 年竣工。位于日坛路东侧，秀水街北侧。由波兰方提供设计技术资料和图纸，市五建公司承建。该馆占地……主要建筑有……砖混结构，现浇楼板，坡屋顶。办公楼、职工住宅……层高……外墙……外门窗……内装饰……庭院……该工程具有波兰古典式的建筑风格。"❶从记述的三要素来看，记述的时间是 1960 年，记述的主体是提供设计技术资料和图纸的波兰方和负责承建的市五建公司。记述的客体是波兰大使馆的具体信息，包括其主要建筑、构造、装

---

❶ 北京市地方志编纂委员会：《北京志·建筑志》，北京出版社 2003年，第 172 页。

饰、风格等。如此一来，波兰大使馆的建造背景清晰可见，其建筑结构也形象而生动地呈现在读者面前。又如《房地产志》中，对"宫殿的发展历史"的记述："北京史有记载的宫殿，始建于公元前7世纪燕都蓟城，燕并蓟迁都蓟城后，建有宁台、元英、磨室，宁台之下有碣石宫。……西晋……慕容隽曾以蓟为都，修筑城池、宫城、殿阁。……金贞祐三年（1215），蒙古军围破中都城，宫阙建筑亦遭到破坏。"❶这三段记述的时间分别是公元前7世纪、西晋、金贞祐三年。记述的主体分别是燕、慕容隽、蒙古军。记述的客体分别是宁台、元英、磨室，宁台之下有碣石宫；城池、宫城、殿阁；宫阙建筑。这段记述围绕北京宫殿的发展历史，列举记述的三要素，将历朝历代对宫殿的建造和破坏情况记述得十分清楚。再如《建筑志》中对"村镇建设的管理法规"的记述："1958年，北京郊区地区划定以后，市政府本着节约耕地的精神，对农民住宅占地审批手续作过规定，审批权限主要在公社、区县，没有全市统一标准。""1960年5月，《北京市国家建设征用土地实施办法》中规定……""1971年6月，北京市革委会发布《转发关于严格控制征用农村耕地问题的座谈会的会议纪要的通知》……"❷ 以上记述的时间是1960年5月、1971年6月，记述的主体是市政府、北京市革委

---

❶ 北京市地方志编纂委员会：《北京志·房地产志》，北京出版社2000年，第14～26页。

❷ 北京市地方志编纂委员会：《北京志·建筑志》，北京出版社2003年，第928页。

会。记述的客体是村镇建设的管理法规，具体又包括农民住宅占地审批手续、《北京市国家建设征用土地实施办法》《转发关于严格控制征用农村耕地问题的座谈会的会议纪要的通知》。如此对北京村镇建设管理法规的形成过程分阶段进行记述，使法规制度的记述自成一体。以上志的记述，都紧紧抓住所述事物的三要素，将事物的本来面貌完整还原，使读者能够提纲挈领地把握记述内容，化繁为简，起到了事半功倍的效果。

（二）语言简洁，表述恰当

朴实与简洁是志体语言最基本的要求。志书的记述要言之有据，言之有理，言之有物。两志在语言的使用上做到了朴实、简洁、精练，使志书内容的记述严谨、厚实而不流于空泛，并适时使用了引用和对比的记叙手法，使记述更具有说服力。例如《房地产志》中"私有房屋"的记述，"明代，雨季损坏房屋，或给予赈济或免租金。嘉靖三十三年（1554）六月，京城淫雨漂没城垣庐舍，户部发银赈济。'久雨坏民庐舍，谕都察院：京城小民疾苦，即今为始，每岁五六七月，俱免房号钱，给与修理。'……隆庆四年（1570）六月，……万历四十二年（1614）四月，'诏京城内外居民，比岁雨潦冲坏，为尽修复，准免房号四个月；廊店、房屋倒坏者查明免租；以前拖欠者，悉予蠲免'……明代中叶以后，出现包工商，由包工商承担房屋的建造和修缮……民国时期，私有房屋建造和修缮，多由包工商和瓦木工行会承接，或由建房人到散工云集的天桥、前门、地安门等地的'人市'招募临时工修盖，并要领有北平市公安局所发的修理执照……" ❶这段记述对明清及民国时期的私有房屋情况的介绍，用词精练，所用 5 个自然段的文字量约占所在小节总文字量的 1/6，文辞概括，语句流畅，做到了文省事繁，避免了长篇大论地空谈。适时使用记叙手法，能使志的记述显示出较好的效果。上文中多处引用《明实录类纂〈北京史料卷〉》《北京历史纪年》的记载，使私有房屋历史的记述更有力度。另外，对比手法的使用见《建筑志》中对"工程承包方式"的记述，"同预算包干方式相比，它（单方造价结算的方式）的特点是：施工企业必须按照国家或地方统一规定的每平方米建筑面积的预算造价来计量工作量……" ❷这种对比手法的使用，使读者对两种不同的工程承包方式一目了然，容易给人留下深刻的印象。

（三）结构严谨，重点突出

志的记叙有轻重主次之分，记叙时要把握详今略古，突出重点的原则，在横分纵述的基础上，将志的记叙集中在重要资料上，强调局部重点，如果"胡子眉毛一把抓"，行文将失去重心。《房地产志》和《建筑志》对结构的安排很巧妙，这其中有一定的奥秘。以《建筑志》为例，从其篇目设计及各部分权重来看，其重点放在上卷"单体建筑和组合建筑"上，用了大量篇幅来记述，下卷

---

❶ 北京市地方志编纂委员会：《北京志·房地产志》，北京出版社 2000 年，第 236 ~ 241 页。

❷ 北京市地方志编纂委员会：《北京志·房地产志》，北京出版社 2000 年，第 717 ~ 718 页。

是对"建筑科技、建筑施工及城建综合开发"的记述，多侧重于管理方面，占用篇幅及文字量相对较小。这种篇目结构的设计，一方面是由于资料的限制，另一方面是首轮修志对追溯事物发端的上限设置的要求。按照此篇目结构的安排，先记述单体或组合建筑，在此基础上记述与之相关的建筑科技、施工及管理，这样一来，各部分之间层层递进，不仅能够突出轻重主次，在结构上也显得更为严谨，体现出较好的连贯性和逻辑性。又如《房地产志》"宫殿、王府"一节，先记述宫殿、王府的发展历史，以一个王府统计表格过渡，然后着重就 8 个具有代表性的王府进行详细具体地记述❶。这段记述同时注重了详今略古的原则，将突出重点的做法发挥得淋漓尽致，非常到位，使志书的结构浑然一体。

三、如何续修第二轮志

二轮修志应继承一轮修志的成功经验，在此基础上，探索对志的创新，丰富志体的运用。

（一）深挖志书资料，补全三个要素

资料是志书的生命，志书编纂的成败与否，很大程度上取决于其搜集的资料是否完整可靠，因此，志的记述是否完整、全面，首先要注意挖掘资料的广度和深度。一轮志书中有些表述就是由于资料的缺乏，才导致记述三要素

---

❶ 北京市地方志编纂委员会：《北京志·房地产志》，北京出版社 2000 年，第 14～26 页。

的不完整，影响了志的表述。例如《建筑志》中"花园别墅开发"一节，"龙涛阁花园"等条目的记述就明显缺乏设计、建造、城建单位等具体的资料。[1] 在二轮志书编纂的前期，进行搜集资料、编写资料长编时，要注意深挖资料的使用价值，注意资料的系统性，使资料尽可能全面、完整。无论是纵向的、横向的，还是相关的资料都要搜集、整理、汇编，使资料形成一个系统；要注意资料的微观具体性，使资料尽可能详细、具体，小到建筑用材的横截面直径也尽量搞清楚，这样才能使记述更具体、形象；要注意资料的可靠性，核实资料来源出处及准确性，这样才能保证记述的精准度。在此基础上，志的记述三要素才能做到全面、完整。

（二）统一记述语言，强化使用规范

在遵循志的语言朴实、简洁、严谨、述而不论的原则下，二轮修志应统一语言的使用规范，使志的表述更加准确。一轮志书中在某些专业用词的古今规范上存在不统一的现象，例如《建筑志》中对"亩""公顷""平方米""公里""公斤""千克"等计量单位的使用。1986 年《中华人民共和国计量法》规定，长度计量单位以"米"为主单位，衡器以"克"为主单位，贸易销售、核价以"千克"为主单位。1990 年，国家计量局发布对土地面积计量单位进行改革的指示，要求土地面积单位逐步与国际

---

[1] 北京市地方志编纂委员会：《北京志·建筑志》，北京出版社 2003年，第 866 页。

通用的土地面积计量单位相一致，在统计等方面的使用上一律使用法定的土地面积计量单位。"亩""公斤"等单位在中小学教材中早已消失，志书中对计量单位的使用规范也应与这些已经被法律形式固定下来的计量单位相统一，保持语言的与时俱进，做到精准、规范。

（三）理清志书结构，避免记述重复

横分纵述的结构安排和记述角度的不同，容易使志的记述产生重复现象，二轮修志要注意避免这个问题。一轮志书《房地产志》和《建筑志》对"十大建筑"的记述分别出现 13 次和 52 次，就这两部志书来看，重复记述有两种情况，一种是志中出现重复记述，另一种是志与概述出现重复记述。例如《建筑志》概述中记述道，"1958年，北京建筑业为迎接国庆 10 周年而兴建人民大会堂、中国革命博物馆与中国历史博物馆、中国革命军事博物馆、全国农业展览馆、北京站、北京工人体育场、民族文化宫、民族饭店、钓鱼台国宾馆、华侨大厦'十大建筑'。"❶在"建筑施工"篇中又记述道，"1958年，北京开始为庆祝建国 10 周年而兴建的'十大建筑'（人民大会堂、中国历史博物馆与中国革命博物馆、民族文化宫、民族饭店、迎宾馆、全国农业展览馆、北京工人体育场、华侨大厦、军事博物馆、北京站）的工程建设，总建筑面积……北京建工集团……50 年代……完成了堪称新中国

---

❶ 北京市地方志编纂委员会：《北京志·建筑志》，北京出版社 2003年，第 11 页。

北京建筑第一个里程碑的国庆 10 周年十大建筑中的七项工程——人民大会堂、中国革命博物馆与中国历史博物馆、钓鱼台国宾馆、全国农业展览馆、民族文化宫、民族饭店和北京工人体育场。"❶为了避免这种志与概述重复记述的情况，应该提高志书概述的概括性和综合性，以概述统领志书全文，而不应罗列具体事项，上文概述中对十大建筑的具体记述最好删去；对志中出现的重复记述，应在横分门类的前提下，侧重从不同的角度对事物进行记述，不宜简单重复，如上文中记述建工集团时，可以将十大建筑作为脚注进行标明，以保持志文的简洁。二轮《建设志》是对一轮《房地产志》和《建筑志》的续修，因此在篇目结构的设置上必然出现相同的部分，这就要从不同的角度切入，抓住实际工作的重心来记述，例如"房屋和房地产"一篇，两志侧重对房地产发展历史及房屋建设实际状况的记述，从《建设志》编纂篇目来看，二轮修志则侧重对 1991 年至 2010 年间房地产管理方面，包括房屋管理情况，以及住房制度改革、房地产市场建立与培育、改革与发展，完善市场体系等的记述。

此外，二轮修志应当保持文体意识，合理搭配辅助体裁，发挥其辅助作用。一方面，要注意述的运用。述与志可看作整体与部分的关系，述是志的概括，志是述的铺陈。概述横陈概貌，纵述历史，对地方志全文来说有提纲

---

❶ 北京市地方志编纂委员会：《北京志·建筑志》，北京出版社 2003 年，第 685、691 页。

挈领的作用，无题述又分别针对各章节内容做不同层级和高度的概括提炼。一轮志书中对概述的记述较为到位，但对章节下的无题述没有做到足够的重视，例如《建筑志》中"花园别墅开发"等节中就没有无题小述。因此，二轮志书编纂要强调无题小述的运用，发挥概述统领志书正文的作用。另一方面，要注意图表的运用。图表以其简洁、明了的形式在志书中发挥了重要的功用。它们常常随文附于志中，因此要注意两者之间的衔接，志对图应有说明性文字，表头要素、表中关键数据在志中应有所呼应，必要时将表的制作背景与制作原则也要记述出来，同时，要注意图表插入志中的规范性等等，使志书体裁之间有机结合，成为系统的整体。

志作为志书的主体，其微观结构包括时间要素、主体要素和客体要素三个部分，主体要素常省略；志的语言简洁、朴实、严谨，采取平铺直叙的记述方式，较少使用记叙文的表现手法；志的结构是横分纵述，以严谨的逻辑统领志书全文。一轮修志在这些方面取得了成功的经验。在此基础上，二轮修志还需在进一步补全志的三要素、规范志书语言、捋清志体结构、合理搭配辅助体裁等方面改进和完善志的运用，使志的记述充分发挥志书主体应有的作用。

（作者单位：市住房城乡建设委史志办）

浅议第二轮修志中的几个问题

——以《交通志》铁路运输篇为例

王　节

内容提要： 本文认为，要研读首轮志书，做好上下志衔接的前期准备；处理好第二轮修志与首轮志书的关系；通过记述改革成果突出行业特色；把握第二轮志书质量的关键点。

关键词： 二轮修志　衔接　行业特色

《北京志·市政卷·铁路运输志》（以下简称《铁路运输志》）是北京市第一轮修志中的独立分志，全书分7篇28章141节，共计71.7万字。这部志书由北京铁路分局承编，从1988年编委会成立到2004年志书出版，历时16年完成。2005年3月，铁路管理机构体制发生重大变化，北京铁路分局被撤销。2009年启动的北京市第二轮修志规划中，铁路运输部分为《北京志·交通志》（以下简称《交通志》）的一篇，由北京铁路局负责。为了高质量地完成第二轮志书的编纂工作，笔者认为应做好以下几方面的工作。

一、研读首轮志书，做好上下志衔接的前期准备

2012 年 5 月，北京市地方志办公室下发了《关于开展第一轮志书研读的通知》。笔者认为很有必要，也非常及时，因为第二轮修志工作面临着如下问题：一是人员新，业务生。北京铁路局聘用的志书编纂人员虽然对 20 年来的铁路发展建设情况比较熟悉，具备较强的文字功底，但对志书的体例要求、撰写方式、篇目设置等不够熟悉，写出的志稿带有较多的报告式、总结式味道，所以在第二轮修志中也是新人，需要提高修志的业务能力。二是要求高。编纂志书是一项严谨而又细致的工作，专业性强，每个环节有其基本要求和工作流程。虽然市交通委组织过业务培训，请专家授过课，但讲授的多为原则方法，在实际编写过程中遇到具体问题仍难把握。三是难度大。北京铁路局是北京铁路分局的上级管理机关，职能、管辖范围以及人员发生很大变化，因此在资料搜集、数据统计、编纂范围等方面都遇到较多困难。因此，认真研读首轮志书更显重要。为保证第二轮志书的编写质量，一要提高对研读的认识。只有深刻、全面了解首轮志书，才能使第二轮修志工作有准确的方向和着重点。二要把研读过程作为专业培训的过程。通过研读弄清首轮志书和第二轮志书的相互关系，做好衔接，将首轮志书的好经验、好方法应用到第二轮志书中。三要通过研读首轮志书，学习前辈

们不怕吃苦、甘于寂寞的精神。编纂志书、查阅搜集资料是很枯燥的工作，只有踏踏实实、埋头苦干才能把志书写好，所以要把这种态度贯穿到第二轮修志全过程，始终保持着良好的精神状态。

二、处理好第二轮修志与首轮志书的关系

笔者认为，第二轮《交通志》铁路运输篇有两方面的编纂任务。一是把北京铁路20年的发展历程记述清楚。二是在保持与首轮志书衔接的同时，注意考订更正首轮志书的讹误，增补第一轮志书遗漏的内容。近20年，由于北京铁路基础设施建设力度加大和运输生产发展，铁路面貌发生了较大变化。第二轮志书虽为首轮志书的继续和延伸，但所记述的内容既与前志衔接，又有区别，不能是简单的累计和延续。所以，在续修第二轮志书时要处理好相关关系，重点是要与首轮志书做好衔接，要体现时代特征，以适应第二轮修志的需要。

（一）关于指导思想

北京市第二轮地方志书编纂工作的指导思想是以马列主义、毛泽东思想、邓小平理论和"三个代表"重要思想为指导，全面贯彻落实科学发展观，坚持辩证唯物主义和历史唯物主义，解放思想，实事求是，全面、客观记述第一轮志书下限至2010年本行政区内自然、政治、经济、文化和社会的发展变化过程，更好地为首都的改革开放和社会主义现代化建设服务。这一指导思想体现在志书中就是要实事求是地反映20年改革开放的成果，铁路建设的

巨大成就。首轮志书的编纂实践证明，坚持实事求是的思想路线，是全面、真实地反映自然和社会的历史与现状的基本保证。在第二轮修志工作中，必须要坚持指导思想不动摇，继续贯彻实事求是的思想路线。

（二）关于篇目设置

第二轮修志篇目设置既要保持与前志基本门类的衔接，又要根据时代的要求和发展，有目的、有重点地进行调整完善，突出 20 年中北京铁路发展成果，强化改革主题，体现北京铁路局的地域特色和行业特色。通过对首轮志书中篇目的合理归并和增减，避免归属不当或门类缺项，在与前志衔接的同时保持第二轮志书的连续性和完整性，做到继承与创新、科学性与可行性的有机统一。在对《交通志》铁路篇的篇目进行设置时，主要参考首轮《铁路运输志》，选择与北京市交通系统相关联的内容进行归纳。初步设置为五章，即第一章机构、第二章线路、第三章重点车站、第四章桥隧及道口、第五章运输管理。与首轮志书相比较，总的思路和内容相符。但在资料收集过程中，我们发现第三章单独记述重点车站不完全，因为车站只是枢纽中的一部分。经过研究，我们将第三章改为北京铁路枢纽，这样标题与记述内容就更加准确和完整了。

（三）关于时间断限

第二轮修志的上限不应理解为对一轮志下限的机械对接。首轮《铁路运输志》上限自北京首条铁路修建的1865 年，下限至 1995 年。但是在第二轮志中铁路运输部分不独立成志，仅是《交通志》中的一篇，而《交通志》

的编纂时限要求是上限为 1991 年，下限为 2010 年。笔者认为，为了保持事物发展的连续性与完整性，让读者更好地理解全貌，铁路运输篇的一些内容可以适当向前追溯，而对于个别事件为保留完整性，也可以突破下限，但都不能随意。例如京沪高速铁路，2011 年 6 月 30 日开通运营。如果写至 2010 年年底，只能记述 90% 的工程已经完工，显然不够完整，因此笔者认为下限适当延长更为合适。

（四）关于记述范围

首轮《铁路运输志》由北京铁路分局承编。北京铁路分局管辖范围基本涵盖了北京市区范围，另外还包括河北省承（德）、张（家口）两个地区，但总体以北京市为主。2005 年以后，由于铁路管理机构发生变化，北京铁路分局撤销。第二轮修志工作由北京铁路局负责。而北京铁路局是北京铁路分局上级主管部门，管辖范围不仅包括北京市、还包括天津市、河北省以及山东省、山西省部分地区，管辖的部门和下属企业也大大增加。这就为第二轮志书的资料收集和编纂工作带来了难度。根据《地方志书质量规定》（以下简称《规定》）中第十三条要求，内容反映本行政区域内自然、政治、经济、文化、社会的历史和现状。以及第十五条，要求以本行政区域为记述范围，越境不书。所以既要考虑严格按照《规定》做好资料收集工作，又要结合铁路作为交通大动脉，四通八达、快速便捷的特点，根据实际情况记述有关内容，综合反映铁路运输和铁路建设的新成就。笔者认为遵照地域性和完整性的原则，一是在地域范围上，前志记述主体范围的内容续志不漏，第二轮修志规定地域范围与域外相关资料适度兼顾，准确地选用。比如在北京市行政区域内的下属单位详写，区域外的只列出单位不做介绍。二是在专业范围上，专业主体内容资料选用要翔实，专业地域范围涵盖面要广。铁路专业详写，其他业务略写，以保证两轮志书范围和专业上的连续性和完整性。

（五）关于拾遗补阙

《地方志书质量规定》第十六条提出，要注意对前志的拾遗补阙。在第二轮志书收集资料过程中，有些内容在首轮志书中没有反映出来，存在较大遗漏。比如，大秦铁路是我国第一条现代化双线电气化重载单元运煤专用铁路，一期工程自山西大同至河北大石庄段长 411 公里，这条铁路也是引入北京铁路枢纽的第十条铁路干线，1988年年底建成通车。从延庆进入北京市，经怀柔、密云至平谷，北京段长 139.5 公里。该工程非常艰巨，铁路基本是穿山而行，北京段共设 29 座隧道（占一期工 43 座隧道的67.4%），是整个大秦铁路的关键区段，其中 1000 米以上的就有 7 座。特别是军都山隧道全长 8.46 公里，是当时全国铁路第二条双线长大隧道，由于地质条件非常复杂，铁道部隧道工程局组织专业队伍，奋战了 3 年终于打通。可能是体制原因，或视角的不同，对于这些内容，首轮志书中虽然在铁路干线中提到大秦铁路，但对工程情况没有记述，这次在第二轮志书中，可采取在竖写单元中适当前推上限的方式予以弥补。

三、通过记述改革成果突出行业特色

首轮《铁路运输志》系统记述了北京铁路百年的发展历程，第二轮志书中，铁路运输篇主要记述铁路在改革中的发展变化及铁路建设的成就。为此，铁路运输篇的编纂要抓住关键，突出重点，在总的思路和结构上与《交通志》保持一致的同时，突出行业特色。

（一）记述 20 年来铁路建设方面的成果，写出时代特色

就是用直观的硬件设施的改善来反映铁路工作。近20 年，国家投入大量资金用于北京铁路枢纽的建设和改造，极大地提高了铁路运输能力。同时，这一时期也是中国铁路有始以来发展最快的 20 年。20 世纪 90 年代前期，建成了大秦铁路和京九铁路，新建和改造了北京西站和北京站。之后，对京山线、京广线、京包线、丰沙线、京秦线等既有铁路干线进行改造。进入 21 世纪以后，又新建了北京南站和改造了北京北站。特别是 2008 年 8 月 1 日，建成并开通了中国第一条时速 350 公里的京津城际高速铁路，初步满足了北京枢纽客流增长的需要。

（二）记述铁路运输对北京城市发展的贡献，写出行业特色

铁路的主业是运输，为此重点记述运输组织方面的工作。北京铁路局通过加强管理，改革运输组织，提高运输效率，使铁路在旅客列车提速、货运列车重载、高速铁路

建设和运营等方面有了突破。从 1997 年开始，北京铁路局管内京哈线、京沪线、京广线三大铁路干线的旅客列车全面提速，开行最高时速 140 公里的快速列车和夕发朝至列车。至 2007 年，铁路又相继进行五次大提速，使旅客列车运行速度大幅提高。特别是京津城际和京沪高速铁路的开通运营，标志着中国铁路进入了高铁时代。在铁路货运方面，北京铁路局以大秦线为重点，积极开展重载列车的试验和运输组织工作，在大秦线相继开行 6000 吨、9000 吨和万吨组合列车。特别是 2004 年，在大秦线组织牵引 2 万吨重载列车试验取得成功，为大幅提高煤炭运输能力创造了条件，为首都的经济发展作出了巨大的贡献。

（三）记述 20 年改革之路，写出改革特色

铁路是个特殊的行业，由于历史原因，实行封闭式管理，除了经营运输主业外，还有与运输有关的附业，部门多，分工细，有各自的独立系统，诸如工业、工程建设、装卸、房建和生活后勤，等等。同时，铁路局直属的企事业单位还有社会化功能，如医疗卫生、中专和中小学，以及公检法机构，等等。2003 年以后，随着铁路体制改革不断深入，医疗、教育、工程、设计以及公检法等部门陆续剥离，这些也都是铁路企业与其他行业不同的特点。其实，这 20 年也是铁路体制改革力度最大的 20 年，因此，在第二轮修志中要记述这些改革成果。

四、把握第二轮志书质量的关键点

通过深入研读首轮志书，对照我们前期的工作，笔者

感到还有不足和差距。主要是资料还不够充实，个别数据还未得到考证核实，有些线索尚需进一步调研。根据市地方志办公室和市交通委史志办的要求，笔者认为应重点抓住三个关键点进行改进。

（一）继续做好资料搜集工作

对前一阶段已收集的资料进行重新筛选，严把资料关、史实关。对内容不充实、时间不准确、数据不可靠、资料来源相互矛盾的，不迁就，不凑合，不怕麻烦，查找原始根据，逐一核对。广开渠道，多方面地收集资料。某一项内容不应仅靠一条资料定论，多收集一条或数条，起到验证和补充的作用。

（二）认真做好资料考证工作

有些内容需要到相关的单位去核查，随时掌握铁路运输的动态变化。铁路运输和工程建设都是动态的，特别是新线建设的进展情况不断在变化，要及时对已掌握的资料进行考证和补充。

（三）利用现有成果，提高工作效率

《北京铁路局年鉴》《北京铁路局志》等成果是编写《交通志》铁路运输篇的重要资料来源，是权威性信息，同时也可提供相关线索。对有疑问内容要追根溯源，找出可靠的依据，使收集的资料更翔实、准确；对有些质疑较大的内容，可利用档案材料进行查证，翻阅当时有关的报刊资料进行核实，坚持存真求实，以确保第二轮志书编纂的质量和效率。

（作者单位：北京铁路局档案史志室）

史志工作笔记二则

杨喜来

内容提要： 史志工作需要耐心细致，要做大量的实地考察和资料研究，并对已有的材料加以甄别。在成稿后要广泛征求意见，力求真实准确，不存有错误。

关键词： 调研　考察　甄别

一、志书定稿前应该广泛征求意见

为了做好二轮志书的编写工作，笔者对上一轮《大兴县志》进行了认真学习，在学习过程中，发现了一些村落方位的错误，从而引发了一些思考。

在《大兴县志》第四编"农业"的第一章第一节"平地固沙"部分，是这样叙述的："大兴县虽为平原县，但农田多坡地，而且沙丘、沙地面积大，范围广。1949年全县沙丘、沙地约为 40 万亩。其中较大沙岗、沙丘 600余个，包括高于 5 米的 50 多个，高于 10 米的 15 个，最高的达 17 米，面积约为 10 万亩。这些沙岗、沙丘主要集中在黄村镇南大庄周围至天宫院一带；西红门西北，桑马房、皮各庄一带；庞各庄西南，张家场、李家场一带；辛庄、大练庄一带；于家务、赤鲁、李堡一带等。"

这段文字从表面上看不出任何问题来，然而却存在着错误。笔者发现问题也是因为笔者是本地人，出生在大兴的龙河岸边，家乡的村后就是一条沙岗子，小时候在沙岗子里摘过酸枣，逮过鸟。上述文字的问题出在对几个村落方位的叙述上：（1）"西红门西北，桑马房、皮各庄一带"。笔者为了弄清楚这条沙丘的走向，特意翻看了大兴地图，结果看到桑马房、皮各庄都在大兴西南部临近永定河的地域，这里是永定河泛滥后存积的淤沙而形成的沙丘。而西红门在大兴的北部，西红门的西北已经属于北京丰台地区。也就是说，这一条沙丘完全与西红门没有任何关联。正确的表述应该是"大兴的西南部，北臧村镇正西3千米，桑马房、皮各庄一带"；（2）"庞各庄西南，张家场、李家场一带"。张家场、李家场一带的沙丘，就是我家乡的那一条。而张家场、李家场都不在庞各庄的西南，而是在庞各庄的正东大约8千米的地方。正确的表述是"庞各庄镇正东8千米，张家场、李家场一带"；（3）"辛庄、大练庄一带"没有指明确切位置，正确的表述是"榆垡镇正西5千米，辛庄、大练庄一带"；（4）"于家务、赤鲁、李堡一带"没有指明确切位置，正确的表述应该是"安定镇正东8千米，于家务、赤鲁、李堡一带"。

存在这些问题的原因是可以理解的，大部分整理材料的工作人员是根据征询资料整理，他们对于本地村落不熟悉、不了解，往往看不出来。如果对于这些表述再不去做细致的核查，就很可能对这些问题视而不见。

这就给我们一个启示，志书定稿前应该广泛征求意见。现在往往是向有关领导、相关单位征求意见，但领导的意见往往是从宏观进行指导，不会细致到具体问题；而大多数材料都是相关单位提供的，这样征询来的意见也仅仅限于表面文字的叙述，真正存在的问题却不见得可以及时发现。因此要扩大征求意见的范围，要向当地人征求，向在本地区工作、生活时间长，见证了本地区发展的人征求，向普通民间百姓征求，这样往往会有很好的效果。

二、口述史料需要甄别

在收集历史资料的过程中，有一种方式就是采访一个地区的老者，听他叙述一些当地的传说、历史，形成口碑资料。因为这都是口口相传的东西，往往与事实存在较大的差异。即便是在相同的地区，每个人说出的同一件事也会存有差异，同一个人在不同时间说出的同一件事也会有不同。所以就需要认真加以甄别，尽量减少以讹传讹。

当年笔者在村里学校工作的时候，学校和村支部都在一个院子里。有一天村书记来学校办公室聊天，说县上来了几个人，询问我们村村名的来历。因为笔者对此很感兴趣，就问他怎么办的。他说："来人让找几个村里上年纪的人，说说咱们村为什么叫佟家务？我哪给找人去呀？干脆我就给编一个得了。"

后来在《大兴县地名志》中是这样说的，佟家务"唐已成村，时有佟、王、皋、赵、郭五姓氏，取村名同福。后因佟姓为村中首户，改称佟家务。后村北几家另成村落，故以前、后佟家务称之。始见清光绪《顺天府志》，时属礼贤镇。1948 年为大兴第一区管辖。1958 年划入今属。1981 年 3 月将两村合并并统称佟家务"。

笔者知道，这里有很大的不实成分。（1）"唐已成村"是没有文字佐证的，只是当时书记一说。（2）"时有佟、王、皋、赵、郭五姓氏，取村名同福"，这几个姓氏除了"佟姓"没有以外，其他是现在的村中大姓。至于当初是否如此，很难确定。"同福"一说就更是演绎了。（3）"始见清光绪《顺天府志》，时属礼贤镇"。此说不知缘于何处？笔者查阅光绪《顺天府志》，根本就没有"佟家务"这样的村名出现。在"大兴县"部分"里社"条目下有"李贤社"而非"镇"属，按照地域，佟家务当属于李贤社是可能的，但是表述不准确。查阅康熙年张茂节所编《大兴县志》，为"礼贤社"，村名为"同家甫"。"甫"与"铺、堡"发音近似，应该是村落名称。与"福"并没有关系。（4）"1981 年 3 月将两村合并统称佟家务"，这是不准确的。在笔者的记忆里，前、后村落一直是一个行政村。20 世纪 50 年代，互助组改为生产队，全村有 10 多个队，后来合并为 4 个生产队，整个后村划为第一生产队，前村东部为第二生产队，南部为第三生产队，西部为第四生产队。

因此，对于口述史料，最好是与当时当地的人员多做核实，仔细加以甄别，以免误传。

（作者单位：大兴区史志办）

关于建立全市统一年鉴编纂
平台的设想

崔　震

内容提要： 当前，北京市的年鉴数量不断增多，但年鉴编纂工作面临的供稿渠道不畅通、稿件质量不理想、编辑力量不足、内容交叉重复、体例不统一等问题，对构建大年鉴工作格局造成了很大的影响。而随着信息化在整个社会领域的不断发展，部分年鉴编纂平台的建设一定程度上解决了这些问题。基于此，本文提出了建设全市统一年鉴编纂平台的设想，对如何构建平台和可能存在的问题进行了初步探讨，希望通过平台的建设，可以较好地解决这些问题。

关键词： 年鉴 信息化 编纂平台

随着信息化手段日渐融入我们的工作和生活，近年来北京市部分年鉴编纂单位陆续建设了年鉴或志鉴编纂平台，在年鉴编纂工作信息化建设方面进行了有益尝试。这些平台在满足报送、编辑、审核、沟通等任务需要的同时，还进行了一些创新，如推动稿件同步报送、关联微信平台、根据年鉴框架自动生成年鉴等，对年鉴编纂工作起到了积极的推动作用。然而，虽然全市年鉴数量众多，但采用信息化方式编纂的却是极少数，信息化所具有的优势还未在年鉴编纂工作中发挥出应有的作用。

基于这些单位在年鉴编纂工作中信息化建设的经验，以及当前全市年鉴工作面临的问题，我们产生了建立全市统一年鉴编纂平台的设想。

一、平台的主要功能

基于目前的技术和年鉴编纂需求，平台主要具备以下功能。

第一，全市年鉴稿件的统一催缴、报送。稿件催缴和报送是平台的基础功能。平台可根据各年鉴编纂需要，统一发布报送需求，并在报送前、报送中、报送后，及时通过短信、微信等方式通知负责年鉴稿件撰写的人员。全市所有参与年鉴稿件撰写的单位，均通过此平台统一报送稿件。参与多部年鉴编纂的单位，只需要报送一次稿件即可，不再向不同的年鉴多次报送。在报送环节，对一些固定类型的条目，可设定统一模板，按年鉴条目要素进行报送，报送后自动生成条目内容，避免条目撰写的随意性。同时，可以设置类型、内容范围、关键词、分类标准等选项，确保条目准确归类。

第二，全部稿件的统一编辑审核。所有报送的稿件，统一根据分类，由相关专业的编辑人员进行初审编辑，确保内容的专业性。初审不合格的条目，返回供稿人进行补充修改。初审合格的条目，发送至主编层次的人员进行复审。对涉及敏感问题、保密问题或易出现政治问题的条目，系统自动报送相关部门人员进行审核。复审不合格的条目返回编辑，由编辑返回撰稿人。

第三，审核后的条目在平台实时发布并纠错。经复审和审核后的条目，以年鉴数据库的形式在平台实时公开发布，方便读者检索使用。同时，建立纠错机制，允许读者和原供稿人员对已经发布的条目进行勘误。读者或原供稿人员发现条目有错误的，可提供纠错依据并反馈至平台。读者发现的错误，先反馈至供稿人进行纠错，然后依次报编辑人员、主编进行审核，之后再发布。供稿人发现的错误，依次报编辑人员、主编进行审核，之后再发布。

第四，依据框架设计方案自动生成年鉴。各年鉴编纂单位可将本单位所编纂年鉴的框架设计方案输入平台，待全部稿件编辑完成后，平台根据该框架设计方案，自动排版生成年鉴。年鉴的目录、索引、编辑人员名单等，均可以根据年鉴内容自动生成。生成的年鉴既可以满足编纂单位的印刷需求，也可以以整部年鉴的形式在平台发布。

此外，为保证编纂工作的连续性和及时性，各环节均通过短信、微信等方式通知相关人员，确保条目编纂进度。在编辑环节，还可以设置自动对比功能，新报送条目与已编辑完成条目如存在一定的相似度，则对编辑提出提示，确保条目间不重复、不矛盾。除以上功能外，平台应保证具有一定的开放性，以便随着编纂工作的需要，进行功能的扩展。

二、平台可以解决的问题

建设平台，是为了进一步推动全市的年鉴编纂工作，解决当前年鉴工作中存在的一些问题。具体来看，平台可以解决以下问题。

第一，可以提高稿件报送的效率，实现年鉴记述内容与事物发展变化的同步化，提高年鉴的时效性。稿件的报送、催收一直是年鉴编纂工作中影响编纂进度的最主要原因。目前已经使用编纂平台的年鉴，稿件报送进度都有了一定程度的改善，《中关村年鉴》正在推动稿件按季度报送。平台自动对撰稿人、编辑人员的工作进行督促，有助于保证年鉴的供稿、编辑工作，提高稿件报送和编辑的效率，强化撰稿人和编辑人员的责任意识。此外，平台开启稿件同步报送功能，可以让撰稿人在事后就及时报送相关条目，而不必等到下一年度再统一报送，让年鉴工作成为撰稿人日常工作的一部分，有助于提高撰稿人的年鉴意识。编辑人员在同步报送稿件的基础上，还可以依靠平台灵活安排自己的工作计划，解决日常工作忙闲不均的状况，提高工作效率。通过撰稿人的同步报送、编辑的同步编辑和平台的同步发布，可以实现年鉴记述内容与事物发展变化的同步化，提高年鉴内容的时效性。

第二，可以统一协调调用全市的编辑力量，提高编辑工作的效率，解决编辑力量相对不足的问题。目前，在各年鉴编纂单位普遍存在着编辑力量不足的问题。全市所有年鉴的稿件都在平台上进行编辑，势必要求所有编辑人员也都加入平台，客观上也把全市所有的编辑力量整合在了一起。一方面，不同年鉴内容交叉重复的部分，可以只编辑一次，减少了重复的编辑工作量，让原本要重复编辑这部分内容的编辑可以把精力投入到其他稿件上。以2013年年鉴为例，《北京年鉴》可减少编辑工作量约50%、《北京密云年鉴》可减少编辑工作量约30%、《北京农村年鉴》可减少编辑工作量约30%。另一方面，具有一定编辑能力，但自身工作量较少的编辑，可以参与其他年鉴的编辑工作，加快其他年鉴的编纂进度。同时，结合年鉴条目体的特点，平台可以通过短信、微信等平台，随时联系编辑，把需要编辑或审核的条目，发送到编辑的智能终端，让编辑人员灵活掌握自己的工作时间，把坐车、排队、睡前等空闲的琐碎时间充分利用起来，提高工作效率。平台还可以聘用一些退休的，或者外地、中央级年鉴编纂单位的优秀编辑，参与平台的年鉴编辑工作，解决编辑力量不足的问题。平台所具备的灵活的编辑时间、多样的编辑方式，可以消除老同志们担心编辑工作过于劳累的顾虑，合理安排好编辑工作和日常生活。

第三，可以保证全市年鉴体例的一致性，让相同的资料内容保持一致，提高年鉴的使用价值。目前，本市部分年鉴编纂单位的编辑人员，存在编辑意识不强、编辑水平不高的问题，造成了部分年鉴编辑质量不高、体例把握不到位。而平台要求所有的编辑都要依据统一的体例，在平台上对条目进行编辑，这就保证了平台上所有条目在体例上的一致性。主编对编辑后的稿件进行及时的审核和反馈，尤其是指出编辑人员工作中不到位的问题，甚至是存在的失误，可以有效帮助编辑人员提高自身业务能力。专业相对特殊或者有保密需要的条目，如政法类，可单独由相关专业的编辑专门进行编辑，以保证修改后条目的专业性和保密性。相同内容的条目只报送一次，辅以系统具有的查重功能，而且只由一个编辑进行编辑，就可以确保条目之间不出现交叉重复和内容矛盾。体例和内容的一致性，对发挥全市年鉴的规模效应，提高年鉴的使用价值，具有重要的意义。

第四，可以促使全市年鉴资源数据库建设工作与年鉴编纂工作同步完成，缩短数据库建设周期和难度。从稿件报送到条目编辑，再到条目的发布和年鉴的生成，都在一个平台上完成，这就使得年鉴编纂与数据库建设同步完成，平台与年鉴资源数据库融为一体。这不仅改变了目前数据库建设要先出版年鉴，再收集年鉴，最后把年鉴数字化加入数据库的过程，减少了数据库建设的工作量，缩短了数据库的建设周期，降低了数据库建设的难度。与此同时，通过数据库与平台融为一体，可以解决目前数据库中不同年鉴内容存在矛盾的问题，进一步提高数据库的使用价值。

此外，在条件成熟时，可以开放供稿渠道，面向全社会征集年鉴稿件，以解决目前很多年鉴存在的资料不全问题。

三、平台可能存在的问题

从年鉴编纂平台的建设来看，某一部年鉴的编纂平台已经有了一定的经验，但这种涉及多部年鉴编纂的全市统一的平台国内还没有实践经验，所以存在着诸多的不确定性。从目前的情况而言，可能存在的问题主要有以下几个。

第一，全市各年鉴编纂单位是否愿意加入平台？建设平台尽管可以解决当前年鉴工作中的很多问题，但在各年鉴编纂单位已经习惯了各自为战的前提下，他们是否愿意加入平台就成为首要的问题。因为加入平台首先意味着相对成熟的传统年鉴编纂方式的改变，不仅要改变编辑部自身的工作模式，更要改变组撰稿人的工作模式，这其中有着大量的具体工作要完成。而且，一旦有个别组撰稿人没有及时完成自己的组撰稿任务，或者个别编辑没有及时完成自己的编辑工作，就有可能对全市年鉴的编纂出版工作造成巨大的影响，甚至造成全部年鉴的出版工作无法按时完成。所以，各年鉴编纂单位在平台建设不成熟时，必定会心存顾虑，而平台的建设只依靠少数年鉴编纂单位又无法实现预想的功能。如此，很容易造成平台建设的恶性循环，最终导致平台建设工作流产。

第二，不同层次不同类型年鉴的体例差异如何解决？全市年鉴数量众多，类型覆盖全面，对同一事件的记述需求存在着一定的差异。如《北京年鉴》对市领导的记述，一般只记述到市委常委一级，而区县综合年鉴显然不能以此为标准，更何况还有区县专业年鉴和乡镇综合年鉴；涉及多个部门的同一事件，不同部门在其中发挥的作用不同，其记述角度也必然不同，如果所有部门都进行记述，势必存在交叉重复，如果都做全面记述，由谁来提供这个条目又成为新的问题；部分学校以学年作为断限，与其他年鉴以自然年作为断限有着显著区别，这些年鉴如加入平台，势必造成平台断限内容的混乱。虽然可以采用在统一平台基础上设置分平台的方式予以解决，但对平台的完整性又造成了一定的破坏。

第三，平台运行费用如何解决？平台运行需要多方面的工作费用。其中有些费用，如平台的建设和日常运行维护费用，可由市地方志办承担。但有些费用，如稿费和编辑费，按照稿费每千字 70 元、编辑费每千字 20 元的标准，平台每年编辑 50 万字年鉴 100 部的情况计算，平台每年需支出稿费、编辑费 450 万元。虽然数额不是特别巨大，但由谁承担则是个问题。稿费理论上应该由年鉴出版单位承担，但部分年鉴编纂单位由于组撰稿人都是本单位内部人员，一直就没有稿费的预算；有些单位有，但由于财政体制的原因，也无法确保发放。编辑费则更是如此，多数年鉴的编辑都由本单位人员承担，返聘或外聘人员则是按月发放，平台上的编辑是统一调配使用的，很难说是哪部年鉴聘用的，所以即使有费用也无法按工作量发放到人。运行费用得不到保障，平台的运行自然也就要出现问题。

第四，全市统一平台与现有平台如何衔接？本市目前已有部分志鉴或年鉴编纂平台，都是独自运行的，而且还都有很多各自的特点和优势，不能因为要建立全市统一的平台就忽略这些平台的建设，因此势必要实现与这些现有平台的衔接，这在技术方面可能会存在一定的障碍。此外，市地方志办2015年开始建设志鉴协同编纂平台，尽管与全市统一年鉴编纂平台在功能上差异较大，但存在重复是在所避免的。当前，全市信息化建设项目都要经过市经济信息化委的评审，平台在评审时几乎不可避免地要解决与志鉴协同编纂平台功能交叉的问题，如果解决得不好，很有可能会使平台无法通过评审。

此外，北京市部分年鉴已经实现了图文混排，而图文混排几乎不可能由系统自动实现，因此对图文混排的年鉴而言，系统的自动排版功能是无法使用的。从整个年鉴界来看，图文混排又是年鉴发展的方向，所以解决图文混排将成为平台建设的一大技术难题。

尽管平台建设还存在着一些困难和问题，但从北京市当前年鉴工作存在的困难和问题，以及建设大年鉴工作格局的要求出发，建设全市统一的年鉴编纂平台显然具有不可替代的重要作用，应当尽快予以启动实施，并在实践中不断完善和改进。

（作者单位：市地方志办）

高校年鉴可持续发展论析[1]

张 英

内容提要：本文认为高校年鉴发展中存在质量水平不一、创新基础不足、研用程度不高等问题，并从功能定位、编辑资源、开发利用、研究创新四个方面入手，探析了高校年鉴可持续发展的有效路径。

关键词：高校年鉴 可持续发展

作为中国年鉴大家庭中的一个重要分支，中国高校（大学）年鉴诞生于 20 世纪 20 年代，真正成规模是在 80 年代之后，尤其是 90 年代以来，党和国家对文化事业的重视，地方志和年鉴事业的发展为高校年鉴提供了良好的外部环境，大批高校相继加入年鉴队伍，定期编纂、出版学校年鉴，一批研究者从事高校年鉴理论与实践研究，使得高校年鉴进入快速发展期。经过 20 余年的发展，高校年鉴特有的文化载体功能，以及存史、资政、育人、交流

---

[1] 本文已在《兰台世界》2014 年 1 月刊发。

作用日益凸显，高校年鉴已成为高校各级领导和管理人员案头必备的参考资料、档案馆中重要的档案文献，以及高校对外交流时的重要媒介和"名片"。

从编纂数量上看，高校年鉴可谓一片繁荣，全国上百所高校都在编年鉴。单就北京市而言，根据 2008 年北京教育志办公室的调查统计，北京地区编纂教育年鉴的高校有 44 所，占 60 个被调查学校的 73.33%。[1] 然而，作为高校年鉴工作者，仍应清醒地看到，目前，我国高校年鉴仍处于成长阶段，与国内其他历史悠久的专业性年鉴和综合年鉴相比，高校年鉴整体编纂历史短、经验少，还存在一些掣肘其可持续发展的关键性问题。

一、影响高校年鉴发展的突出问题

（一）质量水平不一

质量是年鉴的生命，从目前情况来看，高校年鉴质量水平参差不齐，归纳起来，主要存在以下质量问题：（1）内容雷同，体态臃肿。每卷年鉴只作数据和年度新情况更新，"十卷一面"；对领导讲话稿、党政报告、文件规章等均不加分析，无论篇幅长短全文收录，行文啰唆、修饰过多，以至年鉴字数越编越多，动辄百万字以上。（2）体例不全，先天不足。缺少索引，不符合其工具书的性质，更不便于读者查找相关信息。（3）周期过

---

[1] 李晓秋：《浅谈高等学校年鉴的几个基本问题》，《北京教育史志丛刊》2010 年第 2 期。

长，价值损减。年鉴编纂周期过长，一般 10 个月左右，有的高校年鉴甚至达不到一年一鉴，而是两三年或四五年编纂一卷合集，失去了年鉴作为汇集上一年最新信息的资料库和信息源的意义。（4）重文轻图，选材单一。年鉴图片多为点缀，质量有待提高，如图片说明缺少时间要素；图片选题以领导视察、会议类居多；缺少合理的图片排版设计，几卷年鉴的图片放在一起，似曾相识的很多；几乎没有随文图。

高校年鉴整体编纂水平不高从历次全国年鉴编校质量评比中高校年鉴参评数量少、获奖高校年鉴凤毛麟角也可窥一斑。

（二）创新基础不足

创新是年鉴提升自身质量的必然要求。在我国，年鉴是"舶来品"，在一些综合性和专业性的年鉴编纂有了较丰富的经验、年鉴编纂日益规范后，规范与创新的关系成为年鉴界十余年来热衷讨论的话题之一，也是高校年鉴工作者必须面对和思考的问题。高校年鉴是否需要创新？创新是否意味着打破规范？前者的答案是肯定的，创新已成为年鉴工作者的共识。执拗于"规范"，已造成框架雷同刻板、内容单调和"千鉴一面"的后果，经过 20 余年的积累，创新是发展的必然需求。然而创新并不意味着必须打破规范。年鉴首先要求的是规范，是为读者提供有效信息。规范是年鉴工作的前提，也是年鉴成熟的标志。与国内其他成熟的年鉴相比，高校年鉴整体规范化程度不够，许多高校年鉴的编纂规范刚刚确立，切不可盲目追求创新，应循序渐进，在进一步加强规范化的同时，与时俱进，积极破除那些不适宜的类目、条目，增加新的内容，开拓新的编纂方式，使年鉴更加贴近高校现实、贴近读者需求，在规范和创新的良性循环中不断提高年鉴质量。

（三）研用程度不高

年鉴是"系统汇辑上一年度重要的文献信息，逐年编纂出版的资料性工具书"❶，实用性以及利用率是年鉴价值的最大体现。"案头顾问"是高校年鉴编纂者的理想初衷，而"束之高阁"往往成为一些高校年鉴的现实遭遇，应有功能价值与实际使用效果的巨大反差，不能不引起高校年鉴工作者的反思。年鉴编纂经验少固然是其因素之一，究其根源，高校年鉴的编纂有学校专项资金支持，没有发行压力，因而也缺少对读者需求的研究以及年鉴功能开发的动力；高校的年鉴编辑多为兼职，只把编辑年鉴作为工作内容来完成而非研究性工作来从事。

二、高校年鉴可持续发展的有效路径

（一）强化功能定位，突出自身特色

高校年鉴是专业年鉴下的一类。中国的高校年鉴多数是在学习本地教育年鉴的基础上成长起来的，而本地教育年鉴的编纂机构多为地方志编纂办公室，所以，先天便带有为学校史志积累资料的特点。中国的年鉴比志书"鲜

---

❶ 肖东发、邵荣霞等：《年鉴学概论》，中国书籍出版社 1991 年，第76 页。

活"，具有非史非志、亦史亦志的先天优势，对于高校校园文化而言，逐年编纂的年鉴，其最大的意义正是在于可以提供信史的佐证，为续修校志校史提供可靠的信息源。因此，高校年鉴工作者应思考如何进一步发挥年鉴史鉴特色，突出其信息载体功能，强化年鉴"为高等学校事业发展服务，发挥存史、资政、教化、育人作用"的功能定位。

任何一部历史，都并非原生态地呈现历史原貌，而是基于史家的"选择"与"重构"。在这个意义上，高校年鉴的写作，应立足当下，梳理过去，指向未来。高校年鉴编纂者，在借助于各类载体（文字、图片、图表等）记录高校历史的同时，要从肩负大学文化历史传承、书写大学历史的高度，开阔眼界和心胸，尽量客观地选择、记录入鉴之事，在忠实记录中传达其对于大学现状的认识，甚或未来大学发展的期望。只有如此，方能在编审几十万字的年鉴文稿过程中，及时发现不合规范之记述，调整不适宜之类目或栏目，不断提升年鉴品质。

（二）开发编辑资源，提高规范程度

1. 稳定核心队伍

编辑资源是一种特殊的具有能动性和高增值性的人力资本，其价值表现为编辑队伍决定年鉴定位和宗旨的落实、特色和功能的体现。高校年鉴，其编辑部无论设在档案馆、校史馆还是学校办公室，均为众手成书之作，撰稿、编辑人员多为兼职，且文字水平不一；高校人事制度改革使得岗位流动成为常态，编辑队伍不稳定，三年以上的有经验的编辑往往不多，长期从事年鉴编纂的研究人员更是稀缺。因此高校应采取措施，稳定核心编辑队伍，即编辑部人员尽量稳定，非必须不更换，若更换须有新老编辑更替的过渡过程；二级单位的组稿人员尽量保持相对稳定；同时，可适当吸纳熟悉高校年鉴的出版社人员加入编辑队伍。

2. 加强培训交流

要注重培训，不仅每年要对组稿人员进行培训，还要尽可能拓宽培训途径，除选派优秀同志参加全国或地方的年鉴交流培训和本单位每年一次的年鉴工作布置会外，还可适时举办专家讲座、专题研讨；有条件的几所高校还可以联合开展编辑联谊活动，相互取长补短。通过与同行经常性的交流切磋，从而提升年鉴编辑水平。高校要支持、引导、鼓励编撰人员进行年鉴业务学习、研究与交流。

3. 增设纠错机制

"一部年鉴，产品分类混乱，数字用法不合国标，单位用法不确切，查不到有用的数据，读者就会失去阅读兴趣。"❶ 由于受编辑时限以及编辑水平能力所限，出版后的年鉴并非毫无差错，编辑部可通过参加全国或地方年鉴编校质量评比，查找编纂不足，不断规范年鉴编校工作；有条件的高校还可以通过聘请工具书方面的资深专家，对即将付梓或已出版的年鉴进行"通读"纠错，并以适当

---

❶ 张友鹤：《试论年鉴的规范化》，《年鉴信息与研究》1998 年第 3 期，第 11 页。

的方式予以公布。

（三）加强开发利用，拓展发展空间

1. 调研需求，扩大受众面

高校年鉴作为史志范畴的资料性工具书，其受众主要是高校领导、教育研究者、高校师生以及社会各界。高校年鉴在编纂时便要有"为受众而编纂"的思想，探究受众需求和心理，以扩大受众面。如许多高校年鉴都有"人物"栏目，该栏目中不仅要有固定的院士、专家简介，还可以有当年获重大奖项的人物以及知名校友介绍。

2. 丰富载体，提高利用率

年鉴中的信息、数据可靠性强、准确率高，而且具有连续性、批量性，高校教师和科研人员在开展科研和教学研究时需要利用年鉴。年鉴纸版装帧设计可精简并行，以简为主，易于查阅。然而纸质年鉴查阅起来不如电子版方便，同时，年鉴数字化、网络化是一种趋势，因此高校应在纸版年鉴基础上推行电子版。可在一定范围（图书馆、档案馆）凭有效证件查阅。学校各部门工作人员或经过身份识别认证的用户都能从年鉴中查找往年有关信息、数据作为工作参考。年鉴对档案的保存和研用有着不可低估的作用。有效利用网络资源进行查询和传播，可以方便使用者随时查询信息。每年的电子年鉴集中在一起，也将对校史撰写和年鉴研究提供极大便利。与此同时要注意高校年鉴电子资料的保密性，适当限制浏览权限。

（四）重视研究创新，提供发展动力

高校年鉴的持续发展也来源于对年鉴理论和实际问题

的不断研究。年鉴所载内容的不断变化和年鉴形式的快速发展都要求年鉴不断丰富创新，仅仅依靠、满足于几年或十几年的年鉴编辑经验，以固定的套路、模式年年如此地从事年鉴工作，既容易产生倦怠感又无法应对飞速变化的高等教育发展状况和年鉴发展趋势，其编纂的年鉴也必将失去应有的作用。适应新形势，对年鉴进行必要的改版、细节调整、网络化等，都是在对年鉴的不断研究中产生需要并逐渐实行的，高校年鉴工作者应努力在从事年鉴撰写、编校的具体过程中，培养自身的年鉴研究意识和能力，通过发现并解决实际问题以及探索年鉴理论等研究性工作，在创新、学习的环境下不断提升理论水平。

作为重要的档案资源，年鉴是高校历史最可靠的来源之一，是校园文化的重要途径和载体。同时，编纂年鉴也是相当辛苦的、具有"技术含量"的脑力活和体力活，需要经验，也需要不断创新；需要冷静地、"无功利心"地认真从事，也需要热情地、有书写信史"雄心"地不断研究与探索。唯有如此，高校年鉴的品质才能不断提升，高校年鉴事业才能可持续发展。

（作者单位：北京工业大学）

关于年鉴内容创新的几点思考

——基于《北京年鉴》创新发展构想

高潇潇

内容提要： 本文结合习近平总书记考察北京工作时的讲话及《北京年鉴》创新发展构想，着重从年鉴内容创新要符合社会发展需要、体现地方特色、体现资料的价值、与形式创新相辅相成四个角度阐释了关于年鉴的内容创新发展几点思考。

关键词： 年鉴　同质化　创新

20 世纪 80 年代以来，随着改革开放的深入，中国年鉴事业迎来了发展的春天，全国各个省（自治区、直辖市），各有关部门都着手编纂年鉴。据统计，20 世纪 80 年代末，全国在版年鉴 300 多种，到 2015 年年底，在版年鉴 6600 余种。中国年鉴事业经历了 30 多年的发展辉煌期，年鉴社会影响力也不断扩大。然而，近年来年鉴同质化现象日趋普遍，阻滞了年鉴事业的发展。如何创新年鉴编纂思路，展现年鉴特色，保持年鉴事业的生机和活力，成为年鉴界共同探索和追求的目标。只有坚持创新，年鉴才能与时俱进，常编常新，真正适应社会发展的需要。

当然，年鉴创新发展是一项系统的工程，包括观念创新、理论创新、体制创新、机制创新、内容创新等诸多方面。20世纪90年代至21世纪初，地方综合年鉴做了有益的创新探索，主要表现在两方面。

第一，以《上海年鉴》为代表，设置了具有上海发展特色的栏目——"新上海人"，以记述上海的外国人、外国的上海人和上海的外地人，集中展现作为中国改革开放前沿的上海的发展成就和风貌。《上海年鉴》这一创新，当时在年鉴界引起反响，好评如潮，随后很多发展情况与上海相似的地方年鉴效仿《上海年鉴》推出地方特色栏目，如《温州年鉴》创立了"温州人在全国"和"温州人在世界各地"栏目，《义乌年鉴》创立了反映义乌国际小商品批发市场特点的"外商在义乌"和"义乌人在外地"。

第二，以《杭州年鉴》为代表，抓住杭州市宣传推广西湖风景区，推动杭州市旅游业发展的契机，创立了"西湖风景名胜"栏目，并根据旅游景区栏目特点，采用全彩印刷，给人以耳目一新的感觉，提升了年鉴的质量和档次，在年鉴界引起关注。

可以看出，年鉴的早期创新多以地方特色为体现，多侧重于形式创新。近些年，随着我国社会经济发展，区域发展的不平衡状况逐渐改善，加之众多年鉴的学习和效仿，这种"特色"逐步泛化为众多年鉴的固有形式。地方年鉴创新乏力，鲜有亮点，年鉴事业处于发展瓶颈，难有显著突破。因此，继续突破固化思维，坚守创新理念，切实推动地方年鉴创新发展，真正体现鲜明特色和优势，仍是年鉴界亟待破解的难题。

笔者从事《北京年鉴》编撰工作，对年鉴创新发展的现状和发展态势有所思考，下面结合工作实践及《北京年鉴》创新发展构想，谈谈对年鉴体现特色创新的几点心得。

一、年鉴内容创新要符合社会发展需要

2014 年年初，习近平总书记在北京考察工作时，强调北京要立足优势，强化首都全国政治中心、文化中心、国际交往中心和科技创新中心的核心功能；深化改革，疏解非首都核心功能，以创新的思维，进一步做好城市发展和管理工作。全面实施"人文北京、科技北京、绿色北京"将成为今后北京发展的主旋律，把北京建成真正的国际一流的和谐宜居之都将是今后北京发展的中心工作。《北京年鉴》作为全面反映首都北京发展变化的年度性信息资料工具书，应该担负起全面、客观、更好地反映北京发展变化情况的重任。诚如孙关龙所言，面对当今时代的伟大创新实践，年鉴如果不创新、不重视创新，就会丧失应有的观察力、敏锐力，无法正确记载和反映这个伟大的时代。

据笔者调查，《广东年鉴》在这方面做得比较成功。为了全面反映广东经济发展的情况，《广东年鉴》根据广

东省经济政策变化，经济社会发展转型调整，对内容做出调整：2006 年针对区域合作趋势，及时增设"泛珠三角区域合作"类目；2009 年，针对中央提出的"生态文明"，在全省概况中增设"生态文明建设"类目，根据城乡一体化建设进程，适时将"城乡建设"分目分拆为"城市建设"和"村镇规划建设"分目，随着环境保护的日益重要，适时提升"环境保护"类目比重，新增设 5 个分目等。《广东年鉴》总是在与时俱进中调整内容，力求通过创新发展做到如实记载广东社会发展情况和正确反映这个时代。

二、年鉴内容创新要充分体现地方特色

综合性年鉴作为一个特定地区信息资料的载体，与其他地方年鉴相比既有共性，又要有个性。如果共性大于个性，则综合年鉴容易呈现"千鉴一面"的情况，那么年鉴内容记述至少是不成功的；如果个性大于共性，综合年鉴各具特色，年鉴内容记述就比较成功。为了突出上海是全国经济中心、贸易中心和金融中心的特色，《上海年鉴》赋予工业、对外贸易、金融业以较大比重，并适时增设现代服务业、长江三角洲都市圈栏目，合并银行、证券、期货、保险为金融栏目，成功地记述了上海的特色内容，充分展现了上海的特有风采。

作为首都，北京发展的最大特色就是习近平总书记明确提出的北京城市发展战略定位。第一，北京是首都，是全国的政治中心，也是党中央和中央政府所在地。客观上

要求北京市从服务国家政治社会稳定大局出发，着力构建政治文明、精神文明的全国首善之区。第二，北京是文化中心。北京是闻名于世的历史文化名城，北京建城3000多年，建都800多年，历经金、蒙、汉、满文化的浸润，形成了独特的历史文化底蕴。另外，北京高校云集、科研机构聚集、人才荟萃，文化发展始终处于全国的领先地位。第三，北京是国际交流中心。北京具有独特的国际交流优势，上到国家层面的领导人友好访问、国际间的学术交流、文化交流，中到公司企业间的国际合作投资，下到外国游客来华旅游等。北京已经成为中国对外交流中心，今后这一功能定位还会不断强化。第四，北京是科技创新中心。北京高端人才云集，高新技术企业聚集，科研机构集中，加之科技园区、开发区软硬件服务到位，全国的科技创新中心的地位会得到进一步加强。随着首都北京功能定位的清晰化，北京的社会经济发展模式将发生根本性的变化，首都北京的经济功能将进一步弱化，粗放型、低附加值的产业将陆续迁出北京，高端化、服务化、集聚化、融合化、低碳化的产业将成为产业主流。笔者认为，《北京年鉴》只有充分体现北京是全国政治中心、文化中心、国际交往中心和科技创新中心的特色，并把北京特色融入内容创新中，才能实现真正的创新发展。

三、年鉴内容创新要体现资料的价值

年鉴在记述资料时，不可事无巨细、面面俱到、有闻必录，而应该记述年度性的大事、要事、特事、新事，必须充分考虑资料的价值。如《广西年鉴》抓住 2004 年起在广西南宁举办一年一届的"中国—东盟博览会"的契机，在经济部类增设分目，连续记述，成为《广西年鉴》一个招牌式的栏目，其资料价值也是独一无二的。

在可预见的未来，北京将会在科学规划的基础上，在政治、文化、社会等方面取得里程碑式的发展，各个领域有价值、有意义的"新"事和"大"事会不断涌现，《北京年鉴》需要客观记述这些有价值的资料。第一，要抓住首次发生的，反映事物发展方向、发展阶段的新事。比如即将实施的"动批外迁"意义重大，标志着北京市经济发展模式转变的开始。第二，要抓住具有里程碑性质的、具有标志性的新事。如 2014 年 2 月习近平总书记在北京考察活动，其间发表重要讲话，对北京市今后的科学规划、发展方向、发展重点都作了明确的指示。这次考察活动意义重大，《北京年鉴》有必要做重要的记述。第三，要抓住重大政策的变化。如 2015 年实施的"单独二孩"政策、养老金并轨问题等。第四，抓住社会关注的热点、焦点。如 2013 年热议的延迟退休，网友热捧的"支付宝""滴滴打车"等，近期备受关注的用水价格上涨、天然气价格上涨、地铁公交票价上涨等事关民生的问题。第五，要抓住在京举办的重要的国际会议。如 2014 年秋天在怀柔举办的亚太国家领导人非正式会议等。

四、年鉴内容创新要与形式创新相辅相成

近年来，《上海年鉴》《天津年鉴》《广东年鉴》《广

西年鉴》在坚持内容创新的同时，年鉴资料表现形式也大胆创新。这四种年鉴采用条目、图片、表格等形式呈现资料，换用质地更优的雪面双胶纸和铜版纸，并配用美观大方的四色版式设计，使年鉴内容的呈现效果大大提升。

《北京年鉴》创刊以来，在注重信息资料收集的同时，在年鉴形式创新方面稍显不足。24年来，年鉴形式较单一，鲜有变化，内容呈现主要以条目为主体。今后，随着内容创新发展、栏目框架调整、新栏目的增设、新热点的记述等，《北京年鉴》需要记述更多的重要信息资料，如果继续采用惯用的条目记述手段，年鉴页码更多，年鉴会越做越厚，这与年鉴创新的初衷背道而驰。因此，《北京年鉴》加速形式创新也是势在必行。第一，丰富资料的呈现方式，引入图表等表现形式。根据信息资料性质，分类呈现，以实事资料为主的信息以条目形式呈现，数据资料为主的信息以类事一表的形式呈现，以活动为主的信息可以图的形式呈现。第二，更新版式，更换用纸，采用四色印刷。《北京年鉴》应该顺应潮流，采用简洁高雅而又富有人性化的版式设计，方便读者便捷查阅资料，有助于提高年鉴的使用率。

中国年鉴事业的繁荣，离不开年鉴界同仁的共同努力和创新发展，只要坚持创新发展的思维，求变，求发展，努力拓展年鉴反映经济社会现实的广度和深度，切实抓好年鉴内容创新工作，中国年鉴事业全面发展指日可待。

（作者单位：北京年鉴社）

关于做好新东城年鉴编辑
工作的思考

范建铭

内容提要： 2010 年 6 月，随着原东城、原崇文两区合并成新东城区，东城志办所负责的常规工作年鉴编纂的范围有所扩大，相应的人员及内容均有所调整。如何做好两区合并后的年鉴编辑工作，新组建的东城区年鉴编辑部在有效总结以往经验的同时，适应新形势下的新要求，积极思考，开拓创新，取得了较好的成效。本文结合东城年鉴编辑工作的实际情况，对合区后编辑部所开展的一些成功做法、经验及取得的成效进行详细介绍。

关键词： 新东城年鉴　业务培训　突出特色　主体创新

随着原崇文区和东城区合并的完成，反映原崇文区和东城区概貌的新东城年鉴编纂工作，从 2011 年开始，2012 年完成，2013 年获得北京市年鉴评比一等奖。回看新东城年鉴的编纂过程，我们有诸多感慨和收获，主要坚持了以下几点。

一、研修新框架

构架提纲是年鉴的基础和纲领，具有相对稳定性。但是两区合并后，怎么样更好、更准确地反映新东城概貌，成为年鉴编纂工作的焦点，年鉴构架的调整成为必然。新东城年鉴编纂伊始，我们首先将原先两区的年鉴构架进行了分析研讨，在充分吸取原构架优点基础上，依据两区特色，构建新东城年鉴构架。我们组织编辑部全体人员，并邀请市年鉴社对新东城年鉴提纲进行研讨指导，先后九易其稿，使新东城年鉴构架比较充分反映了新东城区的总体概貌、地域特色、历史特色和文化特色。这样，尽管前期费时较多，但是理清了思路，为编好新东城年鉴奠定了较好的逻辑基础。

二、加强撰稿人员业务培训

对撰稿人员进行业务培训是经常性的工作，然而2011年的业务培训对原崇文区和原东城区的年鉴撰稿人员来说，却有特别的意义。因为通过业务培训，使撰稿人员认识统一、思路统一、用语习惯统一。为此，我们专门邀请了北京年鉴社对我区撰稿人员进行业务培训，且培训前进行了大量的前期准备，对撰稿人员想知道什么、想解决的问题和我们想达到的效果进行了仔细摸底，并对摸底情况进行了汇总，使培训很有针对性、知识性、趣味性。这次培训收到了预期效果，为编好新东城年鉴打下了良好的知识基础。

三、把编写新东城年鉴过程，作为全面提升新东城区年鉴编纂业务水平的过程

编写新东城年鉴，对全体编辑人员来说是个全新课题，面临诸多新情况、新问题。编写好新年鉴，对大家是个全新的挑战，也对之后年鉴编写工作有重大示范效应。大家一致认为，要把新东城年鉴编写过程，作为我们编辑人员全面学习、全面提高、全面提升编写新东城年鉴业务水平的过程。整个编写过程，大家经常为一些问题争论得面红耳赤，直到形成一致认识；尽管年鉴时效性很强，主管领导还是一再要求，要在保证总体时效基础上，速度服从质量，杜绝颠覆性、常识性错误。我们还建立了每周业务学习制度、每天值班制度、随机请示报告和沟通交流制度、主编全面负责制度、互阅互教制度、邀请专家"冷眼看"制度等，这些制度的建立和落实，有效保障了新东城年鉴编写工作的有序性和年鉴质量的可靠性。

四、突出新东城特色

我们在编纂新东城年鉴过程中刻意对新东城区历史文化遗迹进行了梳理，对新东城区历史文化的了解、把握、认识更为全面和准确，也保证了编写新东城年鉴的地域特色性。譬如，我们对张自忠路原清朝政府海军部和陆军部目前建筑被占用情况进行调研、对劳动人民文化宫目前被占用情况进行调研、对我区不同级别非遗项目进行归类统计等，这些都深化了我们对东城区历史文化的把握了解，

也有效支撑了年鉴编写工作。又譬如，我们选用提供材料的单位，既保留了同仁堂、东单市场等这些百年来不断发展、展现北京悠久历史文化、今日依然青春勃发的老企业，又刻意保留了象牙玉器、凤凰工美、木刻厂等这些尽管目前经济效益不是很好，但是技艺精湛独特，具有百年以上历史的经典企业。这些努力，使得新东城年鉴更好地反映了东城特色。

五、发挥好编辑人员的主体创新作用

年鉴编辑部各责任编辑，主要以原东城区和原崇文区各个行业精英退休以后组成，他们有多年编辑年鉴工作经验，且责任心和业务能力都比较强。发挥好他们的聪明才智和创新能力，是编辑好新东城年鉴的关键。新东城年鉴编辑前期，由于调研多、调整多、讨论多、整理多，加之新区刚合并，干部调整和工作衔接有个适应期，这也给需要经常联系各单位的年鉴编辑工作增加了不少困难，使后期工作进度有些吃紧。这时候，我们一方面强调工作忙中保持有序性，另一方面则抓紧时间赶进度，这些老同志则表现了很高的思想境界和业务素质，加班加点从不叫苦叫累，保证了新东城年鉴保质、按期完成。

六、总结提高日常化

每周三的业务学习交流会，大家及时通报工作开展的进度，并讨论研究工作进行过程中遇到的问题，主编根据情况布置调整各责任编辑的工作，主任每月至少参加一次，主管主任基本都能参加，每次会议都有专人记录。一些需要决定的问题，一般当场决定。在这些会议上，我们形成了《年鉴编写常见问题》《年鉴编写实用手册》等应用性年鉴编写常用资料，有力支撑了新东城年鉴编辑日常工作顺利和高质量地开展。同时，我们还要求责任编辑经常对自己负责的内容进行思考，适时进行内容的充实和调整，以期更准确反映发展变化着的新东城面貌。

　　总之，通过上述各方面的努力，我们比较好地完成了新东城年鉴编写工作。但是我们深知，我们的思想认识水平、社情了解把握程度、文字编辑质量等，与发展着的新东城实际对我们的工作要求有着相当差距，所以在以后的编辑过程中，我们需要不断地学习和提高自己。我们还知道，年鉴编辑工作是充满遗憾的工作，我们今后的工作，就是在不断的努力中，减少遗憾，留下我们奋斗和努力的温馨回忆，记录下北京东城区客观、完整、经得起历史检验的历史发展轨迹，创造新东城区年鉴工作的新局面。

（作者单位：东城区年鉴编辑部）

重视校对工作　提升年鉴质量

杨　旭

内容提要： 年鉴校对是年鉴编纂的重要环节。校对可以理解为编纂工作的继续，是保证年鉴质量的最后一道关口。本文从年鉴校对的起源、年鉴校对的重要性、年鉴校对的主要内容、年鉴校对的工作方法、建立校对工作制度、提高校对人员素养等方面对重视校对工作，提升年鉴质量进行论述。

关键词： 年鉴　校对　质量

校对工作形成理论，作为一项独立的学问，始于西汉。根据《文选·魏都赋》李善注引《风俗通义》："按刘向《别录》：'雠校，一人读书，校其上下，得谬误，为校；一人持本，一人读书，若冤家相对，为雠。'"由此可见，"雠"是核对之意。梁代以后校雠亦称"校勘"。"校对"，指同一本书用不同版本相互核对，比勘其文字、篇章的异同，以校正讹误。校对，历来是图书出版的重要环节。鉴于年鉴具有权威性、资料性的工具书特点，校对在年鉴编纂过程中就愈发重要。校对可以理解为编辑工作的继续，是保证年鉴质量的最后一道关口。所以，充分认识校对的重要性，了解校对内容，掌握校对方法，建立校对制度，提高校对人员素养，是全面提升年鉴质量的保障。

一、校对工作的重要性

校对工作历来受到重视。史料记载，校对工作在我国汉代就已经成为一门专业，称之为"校雠"。"雠"字既有核对之意，亦有仇敌之解，这是要校对者把消灭书稿校样中的讹误、错别字当作和敌人作斗争，随时保持高度的警惕性。校对是一项严肃的工作，必须从思想上高度重视，树立一丝不苟、严肃认真的工作态度。思想不重视是产生差错的重要原因。宋人重视校书，故书籍文字质量较高，藏书家能收到宋版本，虽一掷千金，亦莫不引以为快事。到了明代，刻书不讲究校对质量，粗制滥造，错别字很多，致使后人有"明人刻书而书亡"的评论。

首先，校对是编辑工作的继续和补充，又是出版工作中必须经过的工序，它是图书质量保障体系的重要环节和最后防线。其次，年鉴书刊的性质决定年鉴校对工作必须精确。年鉴的性质概括为资料性、年度性、权威性。资料性，说明它涉猎的内容广泛，类型齐全，存查价值高。年度性，决定了它以动态信息和涉及年度的资料为主。权威性，不仅说明它是由权威的机构主办，还说明资料内容较为可靠。所以年鉴出版必须要有精益求精、吹毛求疵的精神，避免或减少疏漏和差错。最后，校对是对编辑工作的监督、补充和完善，具有独立的不可替代的作用。现在文稿通常采用电脑照排，电脑在汉字录入时由于一键多字根、重码，加上录入人员操作不慎、指令失误或电脑病毒侵袭，校样出现字体、字号、非中文符号、错别字等实属常见，而这些错误只有经过校对才能得到修正。

因此，校对是将文字差错和其他失误消灭在出版前的最重要的"防线"，与编辑工作相互衔接又相互独立，是构筑图书质量的关键环节之一。不难想象，一部内容丰富、资料翔实、装帧精美的年鉴由于校对工作的失误，导致不应有的纰漏，不仅使人产生"金玉其外，败絮其中"的感觉，还会削弱年鉴的规范性和整体性，更削弱了年鉴的资料性和权威性。

人民出版社校对科白以坦同志校对的《毛泽东选集》第1~4卷共100多万字，达到不错一个字、一个标点符号的尽善尽美的地步。列宁也曾强调校对工作的重要性，他说："最重要的出版条件是，保证校对得很好，做不到这一点，根本用不着出版。"我国著名作家，如鲁迅、郭沫若也十分重视校对工作，鲁迅把自己给别人看校样、看稿子比喻为"出于自觉"地"将血一滴滴地滴过去，以饲别人"，"虽自觉渐渐瘦弱，也以为快乐"。因此，在校对过程中每位编辑都要有如履薄冰的心态，树立严紧周密、一丝不苟的作风，高度重视年鉴校对工作。

二、校对的主要内容

要提高年鉴质量，不仅要提高对年鉴的校对工作认识，还应明确校对内容。校对的主要内容包括页面上的文字、符号、图表，以及与其交叉、相关、相连的内容，并解决存在的问题。重点是消灭编辑加工中残留的病句和错别字，纠正语法修辞和标点符号差错。纠正植字、排版中发生的错误，如由于误植、漏校造成的错字、别字、漏字、多字、重字、生造字，及漏句、漏行、漏断、漏页等现象。彻底解决交叉情况、数据矛盾现象，包括名词、量词前后不一，表格、示意图中的数据与正文的数据不一致等。检查数字用法和机关名称表述是否符合规范、前后是否一致。检查照片、表格、示意图等附属资料所放位置是否正确，照片是否贴反，照片与说明文字是否相符；检查校对引文是否按规范注明出处。检查目录与正文标题的文字、页码是否一致。检查各级标题的字体、字号、占栏、占行、底纹是否符合排版要求，分目、条目标题有无沉底现象。检查版心尺寸、破栏、每栏行数、每行字数是否符合发稿要求，书眉、页码的字体、字号和位置是否符合排版格式等。同时还包括勘误、纠错，做到有错必纠，有误必究，但可改可不改的地方尽量不改，修辞润色的工作也不必多做，以免造成不必要的倒版返工。注意关联性，每改动一处，要瞻前顾后，防止出现新的矛盾和失误。注意正确使用校点符号，凡改动处，切忌潦草，且要拉到行空白外，以免误改、漏改。

三、校对的工作方法

年鉴内容涉及面广，篇幅巨大，成书加工突击性强，加上年鉴工作者是非专业校对者，难免出现这样或那样的差错和疏漏；而年鉴又是权威性、资料性工具书，任何差错均影响它的使用价值。因此，要提高年鉴质量，不仅要提高对年鉴的校对工作认识，还应掌握正确的工作方法。

为保证质量和弥补个人知识局限性，在校对工作中应采取较为科学的校对方法，目前采取人工校对与软件校对结合的校对方式比较常见。人工校对方法又可分为单人校对、双人校对和交叉校对。

单人校对又称一人包校法。单人校对是指校对员个人独自从校样上来回看句子，并且一个印刷符号一个印刷符号地校核校样上的文字。单人核对的形式主要有对校形式，即将原稿放在左边，校样放在前面，先看原稿，后看校样，逐句逐字地进行核对，并对需修改处标出校对符号；折校形式，即将原稿有规律地进行折叠，每次显露一两行，放在校样的上方，使其紧靠要校对的一行文字后逐句逐字地加以核对；录音形式，即事先将书稿连同标点符号一起朗读录入磁带，在校对时根据需要播放录音，校对文稿。单人校对还具有再编辑的功能，通常情况下采用"谁编辑，谁校对"的原则。双人校对即两人合作进行校对，具体操作是一人朗读原稿，一人看校样。交叉校对即指校对人员间将已校的校样互相交换的校对方法。三种校对方法，各有利弊。单人校对法由于校对采取的是"谁编辑，谁校对"的原则，其优势在于对书稿内容容易把握，对相关知识熟悉；劣势在于易产生视觉上的错乱，同时，因习惯性阅读难以感知个体字符的差异，因思维定式作用易对差错"熟视无睹"。双人校对优势是校对者较轻松，劣势是注意力集中在听力上，难以发现文稿本身的错误，又由于多占一个人，故不经济。交叉校对优势是有利于最大限度地消灭差错，可弥补个人知识的局限；劣势是校对者对差错的认定不一致，大部分书稿分类交叉校对，还会造成版面格式处理的不统一。根据多年年鉴校对经验，笔者认为，为节约时间，缩短出书周期，减少改版次数，可采取连校的方法，有一、二校连校和三、四校连校两种。在具体校对时应取其各校对方法的长处，采取单人校对、双人校对和交叉校对相结合的方法。以单人校对为主，配以双人校和交叉校对。具体是在单人完成三校的基础上，再实行双人校和交叉校。只有综合采用各种校对方法才能避免不必要的差错，或最大限度地消灭差错。

《石景山年鉴》2008年以前采用人工校对。长时间的人工校对必须要有两个前提：第一，校对人员必须具备较高的文字功底和相关的专业知识；第二，校对人员在校对时必须始终保持充沛的精力和稳定的心理状态。第一个条件相信校对人员只要自身努力，在长期的学习和实践过程中，文字水平就会不断地提高，专业知识就会更加渊博，从而成为一个优秀的校对人员。而第二个条件却存在着极大的不确定性，即使是高水平的专业校对人员，在工作中也会受到外界干扰、身体状况不佳、长时间校稿造成生理感官疲劳等因素的影响，出现漏校、错校的失误。2009年始，石景山年鉴编辑部采用人工与计算机软件校对结合的方式，计算机校对功能强大，尤其在字、词、标点符号的纠错方面的效率之高，是人工校对所望尘莫及的，既减轻人力资本，又提高了纠错能力。

一般情况下，计算机校对可在二校后进行，是对人工校对的有益补充。但是，计算机也不是全能的，利用计算机校对也有无法克服的不足。因为计算机毕竟是机器，它只能死板地执行人们事先设置好的程序，去完成某一方面的具体任务，却难以完成高智能化的工作。虽然计算机都能快速检索标记出稿中字、词、成语、标点符号的错疑，但是对大部分违反语法规则和逻辑规律的错误，如对事实性、知识性以及政治性的错误却无能为力，对文章体例、版式结构方面的问题也无法解决。还有，校对软件在疑似错误，甚至认定错误的提示中，80% 左右属于误判，需要校对人员进行认定，以确定是否修改。

因此，笔者认为人工校对与计算机校对相结合的方式是目前较为合理的校对方式。

四、建立校对工作制度

建立校对工作制度是保证校对工作有效进行的必要手段。《图书质量保障体系》规定：必须坚持"责任校对制度和'三校一读制度'"。这两个制度是校对的基本制度。责任校对制度是指定一名负责校对为最终把关的工作人员。责任校对人员要参与各校次的校对（校对的校样不少于全书总篇幅的 1/3）；进行文字技术整理（保证体例、格式方面的规范和统一）；检查校改质量（监督检查各校次的教改情况，并汇总校对员提出的问题，及时与责任编辑和出版部门协商解决）；通读付印样，用计算机校对软件进行校对，检查排版过程中是否出现错误，进行电脑把关。"三校"即三个校次。"一读"即终校改版后的通读检查。由于年鉴内容的庞杂，校对客体的复杂性和出错原因的多样性，"校书如扫落叶"，校对活动不可能"毕其功于一役"，必须投入必要的工作量（校次）。"一读"是必须坚持的最低限度的校次。《石景山年鉴》编辑部始终严格按照此规定进行校对。

五、提高校对人员素养

做校对工作，必须具备高度负责、认真细致、严谨周密、一丝不苟的作风。高素质的校对人员能很快辨别出版面的差错，一校过后基本上就能把版面上的差错纠正过来，二校清扫疏漏，三校基本上就没有什么错误了。而一般人常常漏下很多问题，也常常"以误改误"或"以误改正"。高素质的校对人员不仅能对照原稿纠正版面差错，对原稿编辑的疏漏及编辑的不足，能提出质疑，以避免出现问题。而一般校对人员只"照本改字"，对原稿中出现的问题持"事不关己"的态度。因此，作为一名编辑校对人员应该把年鉴当作事业来做，理论水平要逐渐提高，因为这是一种文化，也是衡量社会成员在一个既定圈子里"泛舟"能力的一个圭臬；还要敢于怀疑、敢于提问，善于敏锐地去伪存真、去粗存精，严把政治关、保密关、事实关、数据关、常识关、语言关等关口。年鉴的编校是项烦琐枯燥的工作，尤其是对年轻的编校工作者而言，更需要认清年鉴工作的重要意义，强化投身年鉴工作的事业心，培养尊重事实客观记录历史的责任心，练就耐得住寂寞和经得起诱惑的冷静心，达到"坐得住冷板凳，变枯燥为乐趣，乐为历史写丹青"的境界。此外，重视年鉴编后的总结交流。年鉴编纂完成后，编校人员认真进行全面总结，既总结自己的不足也总结他人的成绩，做到年年有提高、本本有进步。

总之，正确认识校对在年鉴出版流程中的重要性，脚踏实地地开展校对工作，是精品年鉴出版的必要条件，也是年鉴得以发挥其资料性、权威性工具书的生命力所在。

（作者单位：石景山区志办）

地方志开发利用系列

地方志资源的开发与利用

王铁鹏

内容提要：古代史志学家对方志功用的论述，从初始纪实、教化之用，逐步充实为存史、资治、教化之用。改革开放之后，提出了开发利用地方志的理念。开发是手段，是前提，开发的目的在于更好地利用，利用是目的。各级地方志工作机构是开发的主体。利用的主体是包括各级党政机关、领导干部在内的社会各界，地方志工作机构的主要责任是组织推动地方志的利用。

关键词：地方志　资源　开发利用

随着地方志工作的不断深入开展，修志成果的不断涌现，以及社会各界对地方志认识的不断提升，地方志资源的开发利用日益引起广大地方志工作者和社会各界的重视，并取得了可喜的成就。为了更好、更深入地推进地方志资源的开发利用，使其健康有序发展，本文仅就地方志资源的开发利用方面的几个问题谈点不成熟看法，并求教于各位专家。

一、修志为用的历史演进

中国方志经历了一个从简单到复杂，从不完善到成熟的发展过程。从历史上存留下来的丰富图经、志书中不难看到，随着社会生活的发展，方志的内容日渐丰富，门类不断增多和变化，对其功能与作用的研究，也随着时代发展而不断深入。

《周礼·夏官·职方》认为，有了图籍，就方便了对"人民""政事"和"财用"的管理。这是最早的对志书功用的论述。东晋常璩在《华阳国志·序》称："夫书契有五善，达道义，章法戒，通古今，表功勋，而后旌贤能。""五善"，即志书的五种功用，主要是指用封建道德、纲常教化育人，以维护封建统治。隋代以前，虽然统治阶级注意到方志的政治功用，但鉴于志书以私家纂修为主，没有形成完整、系统的纂修制度，志书的功能与作用主要体现为纪实、教化之用。隋代，实行地方志官修制度，进一步确立了志书资政的参与功用。这是与统治阶级对志书巩固统治、维护风化政治功用的认识不断深化分不开的。

唐代刘知幾在《史通》里认为，方志有褒扬一方人物，辨明一方风土与施政借鉴的功用。资治、纪实，基本概括了这一时期人们对方志功用的认识。宋代，人们主要从资治、存史和师法先贤方面认识方志功用的。元代虽历史较短，但开创了明清两代编修一统志的先河。元黄溍在《东郡志·序》中，将志书功用归结为存史、知政令、定民任、明教化、稽人事等方面，较之前代又前进了一步。这一时期，志书资政、教化、存史的功用已现端倪。明代是方志编修兴盛时期，方志学家亦多从存史、资政、教化这三个方面进一步论证和阐述方志的功能与作用。

古代史志学家对方志功用的论述，从初始纪实、教化之用，逐步充实为存史、资治、教化之用。虽然这期间，志书的名称、体裁、形式不尽相同，但志书作为辅治之书的政治功用，却几乎贯穿始终。"六字功用"说的提出，对后人认识方志功用有很大启迪，这在方志发展史上具有十分重要的意义。明嘉靖版《山西通志·序》一句"治天下者以史为鉴，治郡国者以志为鉴"更是成为天下名言。

清代方志编修达到封建社会方志编修的全盛时期，无论是成书数量，还是旧志整理与方志学系统理论，都达到了前所未有的水平和高度。方志学家首次提出方志经世致用的理念，丰富了方志功用的内涵。章学诚从"方志乃一方全史"的观点出发，认为方志的功能主要有三。其一是经世致用，方志主要用于当世，强调"夫修志者，非示观美，将求其使用也"。（章学诚：《记与戴东原论修志》）其二为教化，认为"史志之书，有裨风教者，原因传述忠孝节义，凛凛烈烈，有声有色，使百世而下，怯者勇生，贪者廉立"。（章学诚：《答甄秀才论修志第一书》）其三为存史，方志为修国史提供材料，即"史部要删""史部取裁"之用。章氏认为"方州虽小，其所承奉而施布者，吏、户、礼、兵、刑、工，无所不备，是则所谓具体而微

矣。国史于是取裁，方将如《春秋》之藉资于百国宝书也"。（章学诚：《方志立三书议》）

民国时期，虽然时局动荡，战事不断，影响了方志编修工作的正常开展，但由于各学科学者的共同努力和民国政府的提倡，运用近代科学方法指导方志的编纂，仍取得了一定成绩。关于方志功用的论述，也从古人的存史、资政、教化转变为贴近现实、为民立言、治世安民，确实是一个很大的进步。

新中国成立后，特别是改革开放之后，随着地方志事业的蓬勃发展、文化事业的日益繁荣，以及中华文化影响力的日益扩大，方志的功能与价值正在逐渐提高，对方志的功能与价值的认识也在不断加强。早在第二届中国地方志指导小组换届之初，时任组长的李铁映同志就强调："修志的目的在于用，不仅当代人用，也为后代人用"，并提出"要研究和开拓志书的应用功能"。具体地说可"根据志书及修志过程中收集的资料，为当地制定规划、基本建设、旅游开发、招商引资、减灾防灾和发掘拯救地方传统技艺，开发地方水土资源、土特产资源、地下矿藏，申报自然文化遗产，进行爱国主义、革命传统教育，联系海外侨胞、港澳台同胞的感情，联系乡友、增进乡情，沟通中外联系、增进友好往来以及推动科学研究等方面提供服务"。全国地方志工作机构和地方志工作者，在发挥方志作用，为各级领导决策服务、为当地经济和社会发展服务、为广大人民群众服务方面，进行了积极而有益的探索，取得了令人瞩目的成绩，使方志的利用上了一个新台阶。

二、开发利用地方志资源观点的形成

2006 年 5 月 18 日国务院颁布《地方志工作条例》，第一条明确提出"科学合理地开发利用地方志"，第五条明确了地方志工作机构的职责之一是"组织开发利用地方志资源"，使地方志开发利用有了法律地位。

开发地方志资源的观点，据初步考证，是 20 世纪 90 年代提出来的。当时的背景是，首轮修志已经有部分志书出版或定稿；各级地方志工作机构在编修志书的同时，收集了一批资料；用志的问题开始提到日程上，地方志的作用越来越受到重视。具体来说，缘于以下几个方面。

第一，新方志记述的内容比旧志更为广泛，是座待开发的资料宝库。如北京市第一轮修志规划市志有 154 部分志，18 部区县志，总字数近亿字，涵盖北京行政区划内自然、政治、经济、文化、社会的历史与现状。由于志书文字量都比较大，为了更好地利用这些资源，为经济社会发展服务，就要根据不同需要，或推介志书，或编写简本、丛书，或进行数字化，便于使用和查询。2000 年 11 月 10 日，时任市长刘淇在北京市地方志第四届编纂委员会第一次全体（扩大）会议上的讲话强调，多渠道、多形式加大对志书的开发利用。他指出，全市已经或将要出版的志书以及地情资料书，有数十亿字，这是一项十分宝贵的信息资源和巨大的财富。可以把志书中最重要、最精彩、最有特色的部分，编成普及本，提供给广大干部、群众和海内外读者，让广大干部能买、能看、爱看。要运用现代手段，开拓志书开发利用的新领域，从中选择可用信息，为各级领导决策服务，为发展地区、开展旅游服务，为自然科学、社会科学研究服务。

第二，新方志编修过程中，收集了大量资料。据第一轮修志的经验，资料与志书比例为 10 ：1，甚至更多。很多资料虽然没有入志，但资料的价值十分宝贵，形成庞大的地方志资料资源，这些地方志资料是一种待开发的资源。通过开发，可以编纂成特色志书、特色地情书和通俗读物，供读者欣赏，也可以进行数字化处理，方便社会各界使用。1996 年召开的全国地方志第二次工作会议上的工作报告就提出，各地结合修志工作，进行了规模空前的全国性的全面系统的地情调查，搜集了数百亿字的各种地情资料，抢救了许多珍贵资料，这是可供长期开发利用的地情信息宝库，具有不可估量的价值。

第三，各级地方志工作机构在编修地方志的同时，采取各种办法，积极、主动地开发地方志资源，拓宽用志途径，通过报送领导参阅信息、开展课题研究、出版简本丛书、校点旧志和挖掘历史资料、编写影视作品和通俗读物、举办展览和文艺宣传活动、推进信息化网络化建设、建设地情资料网站等方式，向各级领导决策和社会各界提供咨询服务，积极进行各种地情研究和宣传教育工作，在制定规划、城市建设、招商引资、防灾减害、文物保护、企业改制等方面，产生了相应的效益；在进行爱国主义、集体主义、社会主义和爱家乡的乡土教育方面，也取得了显著的成果。地方志的地位及作用，地方志资源开发利用取得的成果，逐步被社会所认可。

综上所述，开发地方志资源，以更好地利用，是形势发展的需要，是发挥地方志功用的需要。所谓开发，包括地方志书在内的地方志资源，外延要大于地方志书。当然，志书是地方志资源的重要组成部分，也是地方志资源的主体部分。开发的手段和形式，正如李铁映同志所说，要通过对地方志这座丰富的地情、国情资料宝库的开发利用，根据社会各方面的需要，尽快编纂各种各样的专著、论文、资料，尝试出版地方志音像制品，如电子版、光盘，逐步实现数字化、网络化，利用现代手段收集、整理、加工、存储资料，提高工作效率，并通过信息化手段，不断扩大地方志的影响，实现地方志的成果价值。

三、开发和利用的关系

开发和利用不能截然分开，在实际工作中也经常放在一起使用，但两个概念不能混淆。开发是手段，是前提，开发是为了更好地利用。开发不等于利用，开发也不能代替利用。从书（志书）到书（简本、丛书等，也包括光盘、数字化）的过程，是地方志资源开发的过程，还没有被社会所利用，产生使用价值，因此，还谈不上利用。如果通过开发地方志资源，被社会所接受，转化成社会成果，或转化为领导决策，或在本地、本部门发展中发挥宣传、教育、引领的作用，产生实际效果，才能谈得上利用。因此，从开发到利用，还存在一个开发的成果转化的问题。

区分开发与利用的意义在于，作为地方志工作机构和广大地方志工作者，既要大力开发地方志资源，又不能把眼界仅停留在地方志资源的开发上，而要进一步拓宽视野，开阔思路，深入考虑如何在开发的基础上，推动地方志的利用，更好地为领导决策服务，为本地本部门经济社会发展服务，为广大人民群众服务。如果认为开发就是利用，就会限制我们进一步发挥好地方志"三个服务"的作用。

搞清开发与利用的关系，还会带来一个问题：谁是地方志开发利用的主体？换句话说，谁来承担开发利用地方志的工作？有人认为是地方志工作机构，似不应这样简单确定。李铁映同志在1996年全国地方志第二次工作会议上就指出，编纂志书，是修志单位的主要任务，但还要指导社会用志。国务院《地方志工作条例》中明确规定，地方志工作机构有履行组织开发利用地方志资源的职责。这就说明地方志工作机构是组织、推动开发利用的主体，而开发利用的主体是谁应该具体分析。

对于开发利用的主体问题，如果能将开发和利用分开考虑则更清晰一些。对于开发地方志资源，各级地方志工作机构既是组织、推动的主体，也可以是开发的主体，或是主体之一，应该没有什么争议。而对于利用地方志资源，各级地方志工作机构主要是组织、推动、服务，利用的主体主要是各级党政机关特别是各级领导干部，以及社会各界有需求的人士。各级地方志工作机构的主要职责是向他们宣传，使他们认识到地方志的重要性和意义；对地方志资源进行开发，为党政领导机关提供服务，使他们在用志方面更加便利，更加具有针对性。

明确地方志开发利用主体地位的意义在于，使开发、利用的职责更加清晰，分工更加准确。作为各级地方志工作机构，要在修志的同时，主动承担起开发地方志资源和组织、推动社会各界利用地方志的责任，更好地发挥地方志的功用；作为社会各界，要进一步认识地方志的重要作用，主动利用地方志，更好地为本地区、本部门建设和发展服务。

上面谈到，从开发到利用，存在一个成果转化的问题。做好成果转化，首先，要发挥舆论宣传作用。要加大地方志工作、地方志成果的宣传力度，通过召开出版座谈会、利用媒体宣传地方志、地方志资源信息化网络化、建设方志馆等方式，拓宽志书发行渠道，方便社会各界上网查询，以便让更多的人看到志书、认识志书、利用志书，从而最大限度地发挥其社会效益。

其次，发挥组织推动作用。要用志，先要读志。各级地方志工作机构要组织各志书承编单位，将志书及其成果送到各级领导和党政机关手里，送到各大图书馆、档案馆，方便社会各界读志用志；围绕本地区、本部门中心工作，报送有关地方志资料信息，为领导决策提供参考、借鉴；有条件的，要借鉴地方志资料，对本地区、本部门重大问题进行课题研究，提出政策建议。

再次，发挥典型示范作用。除发挥舆论宣传、组织引导作用外，各级地方志工作机构还应带头读志用志，起到典型示范作用。作为地方文化重要载体的地方志书，以资料见长，承载着其他书刊所不能比拟的信息量。然而，这些信息只有转化为社会效益和经济效益，才能显示出它应有的价值。否则，志书一出版就入资料库、档案室，其服务的作用就会大大削弱。因此，地方志办公室有责任在读志用志中起典型示范作用，努力促使地方志资料信息转化为成果。

最后，发挥协作协调作用。各级地方志工作机构要积极面向社会，鼓励、支持社会各界利用地方志资料。恩格斯曾指出："爱国主义是以爱家乡为基础的。"国情教育必须联系各地地情。要积极协调相关部门，采取多种方式方法，对各级领导干部、群众团体、中小学生，进行国情教育、地情教育，进行爱祖国、爱家乡教育，从而提高各级领导的决策能力，激发和加深广大群众、广大学生爱祖国、爱家乡的感情。

总之，地方志开发利用的问题，是关系到地方志生存发展和生命力的大问题，这既是一个理论问题，更是一个实践问题，应该得到各级地方志工作机构和广大地方志工作者的高度重视，不断探索、创新开发利用新思路，开拓开发利用新途径，使地方志在本地区经济发展和社会建设中发挥更大的作用。

（作者单位：市地方志办）

北京旧志整理研究

谭烈飞

内容提要： 自元、明、清到民国，北京地区的志书编修从未间断，为北京旧志整理奠定了基础。一般旧志整理的形式有影印照排、标点断句、点校勘误、文白对照全译等。北京市地方志办公室对旧志的系统整理出版是从 2006 年开始，冠名《北京旧志汇刊》，所纳入的旧志采用繁体字竖排加框，加上新式标点和校勘，以线装书形式出版。在整理中明确整理的方法是：以点校整理与出版相结合；点校整理与研究相结合；旧志整理的有序推进和重点攻关相结合；旧志整理底本的选取与底本的鉴别相结合。

关键词： 北京旧志 整理 研究

北京作为历史文化名城，地方志的编修源远流长，在北京城市建设与发展中发挥着独特作用，受到不同历史时期有识之士的重视，编修与整理相辅相成，形成可资借鉴的理论与实践。

一、北京旧志的基本规模

北京修志之始，难以确考。缪荃孙等所纂《（光绪）顺天府志》在《纪录顺天事之书》中记载有："纪录顺天事见于史书者以《燕十事》为始。"北齐阳休之《幽州人物志》、隋《幽州图经》和《幽都记》从名称上来看，当属志书，此三书都已不传。元代熊自得纂《析津志》，在北京方志编纂史上具有里程碑式的意义，尽管也已不存，但从现存《永乐大典》原本、《日下旧闻考》《顺天府志》等有关书籍中，可以大致了解此志的体例和记述内容，使得今人辑佚出版成书。自此志始，元、明、清、民国，北京地区的志书编修从未间断过，都可以较为准确地掌握志书的规模、体例和记述内容。

北京现存旧编府（市）志计为9种，其中最早的当推元熊自得所纂《析津志》。明代有《（永乐）顺天府志》《（万历）顺天府志》，尽管前者已佚，清末缪荃孙从《永乐大典》中辑出若干资料，并冠以《（永乐）顺天府志》之名，留存了大量明代初年以至更久远的资料。《（万历）顺天府志》是现存明代最为完整的一部官修的北京府志。清代所修的第一部府志为《（康熙）顺天府志》，而规模最大、对后世影响最大的是《（光绪）顺天府志》。另外，《日下旧闻考》未冠以志名，实为志体，留存了大量清乾隆年间以至更早的史料。《天府广记》也不以志书为名，其体例也是志体，资料含量相当丰富。民国以后，曾准备编修北平市志，由于内忧外患，难以为继，1938年日伪

"北平特别市"设"修志处",匆匆修成志稿,凡196卷,存157卷,约400万字,新中国成立后,以《北平市志稿》为名,整理出版。20世纪初,日本驻屯军司令部编著了《北京志》,涉猎北京的政治、经济、文化、社会各个方面,明显具有收集资料用于侵略战争服务的特点,已由燕山出版社以《清末北京志资料》为名出版。

北京地区旧存州、县志有50种以上,其中明代留存的不到10种,影响比较大的倒是未以志书命名的《宛署杂记》,稀见的为明《(嘉靖)通州志略》。另外,明代还有《(嘉靖)隆庆志》《(隆庆)昌平州志》《(万历)房山县志》等。清康熙年间所修的县志最多,足以反映当时政治、经济、文化以及社会生活的发展情况,其中,房山、良乡、密云三地志书,就在康熙年间两次续修。顺天府的附郭县大兴、宛平均编修了县志。初步统计北京现存的州县志有:《大兴县志》1种、《宛平县志》1种、《房山县志》4种(不包括《(咸丰)房山志料》)、《良乡县志》3种、《通州志》4种、《潞阴志略》1部、《昌平州志》6种(含《昌平外志》,不含《昌平山水记》)、《顺义县志》1种、《怀柔县志》1种、《密云县志》3种、《平谷县志》4种、《延庆州(卫)志》5种,共计34种。❶

民国时期的志书规模相对比较大,资料也较丰富,其中《房山县志》《良乡县志》《平谷县志》特点都较突出,

---

❶ 谭烈飞:《北京方志提要》,中国书店2006年,第4页。

密云在民国年间先后两次修志。值得重视的是，经通州区史志办整理的《（民国）通县志稿》收录的通县清光绪庚子年联军入境男女殉难一览表，列有1178人遇难的详细记录，包括姓名、殉难地点、殉难情况、亡年年龄、职业、故后荣典等项，是目前北京市乃至全国最完整的八国联军罪行的记录，弥足珍贵。

除了以地域名称命名的志书以外，旧编志书中有很大一类是专志，专门记述关隘、山水、寺庙、风物等，特色相当突出，其中明代的《西关志》《通惠河志》，清代的《盘山志》就很具有代表性。清代还有一批专志问世，包括：释智朴的《盘山志》、乾隆《钦定盘山志》和释自如、吴仁敔的《上方山志》、李逢亨的《永定河志》、朱其诏的《永定河续志》以及顾炎武的《昌平山水记》，还有湛祐的《弘慈广济寺新志》、让廉的《京都风俗志》、文庆等的《钦定国子监志》、神穆德的《潭柘山岫云寺志》及成书于清光绪初年的《齐家司志略》，等等。民国时期北京南城一带会馆云集，进而产生一批专门记述会馆基本情况的志书，对于研究会馆的历史具有重要的参考价值。明万历年间的《通粮厅志》记述坐粮厅的机构设置及管理漕运的情况，对大运河全流域漕运的情况都有涉及，为了解明代漕运制度的演变情况提供了佐证，对于研究北京乃至京杭大运河及沿途的经济、文化具有重要的参考价值。《钦定国子监志》对于研究旧时的科举制度意义重大。民国前后成书的风俗志，对于了解北京地区的习俗会有帮助，只是多为抄本。上述提到的专志，多为私人著述，没有官修志书的禁锢，体例也显得随意。

二、北京旧志整理的形式

新中国成立以来，北京市对旧志整理做了卓有成效的工作，主要有以下几种方式。

（一）影印照排

即对原志书的完整影印。一些志书版本得到困难，点校整理需要时日，而又急需使用，对原书不加任何整理即全部影印，就为使用者快速了解和使用志书提供了方便。明代的两部《顺天府志》，1982年由北京大学出版社影印了《（永乐）顺天府志》，1959年由中国书店影印了《（万历）顺天府志》。两部影印本只是在书前做了简单的说明，起提示作用，也算做了"整理"，如《（万历）顺天府志》在书前标明"原书黄纸绿格，右上角有书耳，内题'第'字。前栏外题'艺风抄书'四字。首册书衣有藏书家李盛铎题字：'此书乃从永乐大典抄出。'书中各处校改文字为缪荃孙本人用朱笔所写"❶。其不足，一是影印效果限于原书的质量，出现清晰度不高的问题；二是难以体现当代人的研究与认识的成果和水平。

（二）标点断句式

这是北京整理旧志最常用的方式。北京古籍出版社所出版的《（光绪）顺天府志》《析津志辑佚》《帝京景物

---

❶ 《顺天府志》，北京大学出版社1983年。

略》《日下旧闻考》等基本都是采取这种方式，即对全本旧志进行标点断句，对于错字等差错少有勘误。其优长首先是阅读方便，加了现代的标点更适于现代人的阅读习惯；不足是限于标点断句整理者的水平，有些断句出现差错，出现不应有的误导，特别是一些人名、地名、专用词语、特指词汇、当地俗语等，极容易出现断句错误。但是，标点断句方式作为旧志整理又是必须要做的，而且从已经整理出版的旧志来看，这种整理方式比重占有相当部分。

（三）点校勘误式

这是在点校断句基础上所增加的对志书的校订和勘误，以及对于志书中的观点进行评判。有的采用当页见注的编排方式，有的运用"按"的形式。评判主要是对旧志中具有浓重封建色彩、政治观点的内容作出批判，消除其影响。其优点是可正旧志史料、文字之误。对旧志中某些史实无法考证准确而使资料失真，或为其立场观点所左右，或慑于某种威压而有意歪曲掩盖事实真相等情况，作出相应的处理，以校勘形式还历史以真实。其实这些方法在北京旧志中早已有之。清乾隆年间所纂的《日下旧闻考》是对清康熙年间所纂《日下旧闻》的增补与考证而成，对《日下旧闻》大量使用了勘误，做了大量的按语。如：原书记载今天北京动物园西边的白石桥北，明末有驸马万都尉的白石庄，近郊园亭以这里为第一。《日下旧闻考》按语："白石庄今废。"在《日下旧闻考》的出版说明中写道："按语还对一些有疑难的问题，历史上有争议的论点，这本书这样说、那本书那样说的说法，作出判断，写明缘由。按语大都是中肯的。"❶ 这种方法也有明显的不足。对于作注、加按，也有注释失度，不当注者注、当注者注之过繁的问题，而把旧志中地名、官名、人物的注释撰写成地名、官名的考据和人物传记文章，实属不妥，更为有害的是若所注有误，则遗害长久。

（四）文白对照全译式

即以文白对照形式把全本文言旧志翻译成现代白话文的整理方式。北京某区县对其旧志进行了这样的整理，时至今日仍未出版。这种对旧志的整理，其优长是既保持了旧志内容的完整，又给古文基础薄弱的读者阅读和利用旧志扫除了障碍。但其弊端亦显而易见：一是从方志的基本特征和旧志的作用而言，全译是近乎徒劳之举。旧志与其他历史文献不同，其地域性和资料性的特征决定了它仅仅是部分专家学者或特定地域的部分有关读者的研究资料，读者群较为特殊，而上述读者或直接或借助工具书即可阅读旧志。换言之，真正看旧志的人无须翻译，不看旧志的人翻译了也不看。二是全译旧志卷帙浩繁，给出版、阅读、收藏带来了困难。古汉语中单音节词多，文白对译，其译文与原文之比亦在 5:1，甚至 10:1 左右。三是文白对译对译者水平要求较高，非古今汉语饱学之士难克其事，难保译文质量。译文错谬流布于世，可能带来负面效应。由此可见，全译旧志弊多利寡。

---

❶ 段柄仁：《北京旧志评校文丛》，中国书店 2013 年，第 189 页。

以上这些旧志的整理方式利弊兼而有之。目前，由北京市地方志办公室规划的旧志整理方式力求尽可能地趋利避害，并努力在继承与创新中体现当代人的认识水平和业务能力。

三、《北京旧志汇刊》整理的尝试

北京市地方志办公室对旧志的系统整理、出版是从2006年开始，冠名《北京旧志汇刊》，所纳入的旧志采用繁体字竖排加框，加上新式标点和校勘，以线装书形式出版。目前，已经出版8部，其中包括了府志、州志、县志、山志、寺庙志及其他专志。在整理中做了如下尝试。

（一）点校整理与出版相结合

这套书的最终目的是要体现这代人对于志书的整理水平，更重要的是要使后来人了解历史上旧志出版印刷的形式，以达到从内容到形式的有机统一。志书整理的编委会、专家组都有出版社相关专业人士参加，同时还相应组成了出版工作委员会，对出版的最终质量标准和要求都作了明确的规定，且在制定旧志点校整理规定时，也将出版的相关要求一并纳入。进入出版社三审环节，不仅要审定整理的内容，还要相应考虑出版的要求，如校点稿中，对底本的古体字、异体字与俗体字等，一般改为规范的繁体字。明显的刻版错字，据文义径改。人名、地名、专有名词等有异体字者，原则上予以保留，其他异体字一般要改为通行的繁体字。通假字，一般保留原貌。一本书内的用字应力求统一，不得出现繁、简字混用和新、旧字形混用的现象。生僻字，要注明汉语拼音，以便排版。

志书的整理和出版，还有一个重要的环节是各种校改要求写出校勘记。规定出校勘记的校改字，用圈码标注在表示停顿的标点之下。校记先举已校改的字，再例举原稿异文或校改情况。对于普遍性的问题，可以在校点说明中指出，或在首次出现时说明。校勘记不作考证，文字力求简明扼要，避免烦琐。还要明确校勘记书写的位置。校勘记因书而异，灵活处理，一般写在相应的页面之末，也可写在卷末或全书的末尾。当前页写不开，可加纸书写并黏附在相应页面上。

考虑到出版的要求，在校点本上可根据原文内容作适当的分段，记事文以时间或事件的顺序为据，论说文以论证层次为据，韵文以韵脚为据。

最后成书时，《北京旧志汇刊》不仅具备了以往旧志整理的基本要素，而且还体现了历史典籍的形式：线装加函套、书内繁体竖排，旧志校勘的内容也在页内套红标示。

（二）点校整理与研究相结合

《北京旧志汇刊》的点校整理始终与旧志研究紧密结合在一起，一方面深入研究点校整理的方法，积极探索旧志整理的创新点，另一方面又深入研究所整理的旧志所涉及的历史史实、表述内容的真实情况。这既有利于保证整理的严肃和准确，又体现了当代人的研究成果。点校整理明代《顺天府志》的王熹先生系统研究了这部志书的编纂体例、内容、方法、编纂背景，并专门撰写了《论万历

〈顺天府志〉体例纂修特点与文献价值》，从分析其体例结构和纂修特点入手，将它与清人纂修的康熙、光绪《顺天府志》作了基本比较。王熹先生认为《（康熙）顺天府志》与《（万历）顺天府志》的相同之处，主要表现在：（1）从体例结构看，采用了纲目体，归属得当。（2）每志有小序，如卷二地理，有"地理类小言"，以概述纂修该类的宗旨、缘由及主要内容。（3）从纂修形式看，采用了著述体的撰写方法，不是纂辑原始资料，注明史料出处，而是对有关资料进行研究后，加以系统记述。（4）《（万历）顺天府志》和《（康熙）顺天府志》都由顺天府尹主持纂修。两者也有不同的地方，如篇幅有所差别，前者约 25 万字，后者约 33 万字；前者的目下都有无题小序，而后者无；前者在纲目级的无题概述和小序中对时政弊端有深刻的揭露和针砭，而后者无；后者卷七、卷八的人物和艺文的内容比前者丰富，其中的奏疏、议、论、序、记等文献对清初的剃发、易服、圈地、占房、投充、逃逃、文字狱、科场弊端等多有披露和抨击，并保存了官书缺载的重要史料。缺憾是碍于当时的政治环境、高压文化钳制以及特殊的民族政策，对与顺天府有重要关系的战国李牧、北宋杨业、南宋文天祥等人的事迹缺载不录。《（光绪）顺天府志》是清代北京志书中的集大成之作，其与《（万历）顺天府志》的区别体现在五个方面。一是从志书断限看，志书沿革和官守的内容从周代记起，止于光绪九年（1883）。二是从体例结构看，沿用了《华阳国志》和《临安志》的体例，首叙京城，次记府县，设京师、地理、河渠、经政、故事、官师、人物、艺文、金石、序志十志，子目六十九，图表志并用。三是从纂修形式看，采用纂辑体，对入志文献资料广征博采，严加考核。其纂修提倡善恶并书，彰显了志书的资治教化功能。四是增设的河渠志、史志书目等内容具有重要的文献价值。五是卷帙宏大，全志凡 130 卷，350 多万字，是篇幅最大的北京府志。王熹指出志书究竟是篇幅宏大好还是简明扼要好，何为质量上乘的精品佳志，不能一概而论，要作系统研究和具体分析。所以他认为从版本学、方志学、文献学和历史研究而言，《（万历）顺天府志》具有不可或缺的重要意义。❶ 该文在学术界特别是在地方志的编修与研究界引起较大反响。

旧志校点完成之后，要求整理者撰写"校点说明"，内容包括作者简况、对本书的评价、版本情况、校改中普遍的问题，以及其他需要说明的问题，其实质就是要对这部志书进行深入的研究。这些都保证了北京旧志整理的水平。

（三）旧志整理的有序推进和重点攻关相结合

总结已经出版的 8 部旧志整理经验，确定了先易后难，有序推进，全面铺开，重点攻关的旧志整理规划。从较为容易、篇幅小的志书做起，首先整理出版的是明嘉靖朝的《通州志略》、清康熙朝的《弘慈广济寺新志》、乾

❶ 王熹：《论（万历）〈顺天府志〉的体例纂修特点与文献价值》，《北京社会科学》2012 年第 3 期。

隆朝的《潭柘山岫云寺志》《延安卫志略》和民国初年的《密云县志》，这些志书总体字数不多，部头最大的是明《（嘉靖）通州志略》，十三卷，字数约 15 万字，清《（乾隆）延庆卫志略》不足 5 万字。但这些最先整理的志书类别较全，不仅有地方志中的州县志，还包括了寺庙志等专志，在对这些志书的整理中积累了很多经验，就标点的方式方法进行了认真的总结，还对其中校勘的注释如何使用进行了研究。针对发现的问题几次修订凡例和点校整理工作规范，其中对校勘记的规定是可以体现出特点，明确整理的重点是标点。随着整理工作的深入，又将校勘放在了突出的位置上，明确各种校改，务必写出校勘记。在出版环节上，又先后发现了繁体字排版中的问题，如有些字盘中的繁体字是台湾地区使用的，和旧志中规范的繁体字有区别。

在前期工作的基础上，确定重点攻关的志书，即三部《顺天府志》，其中明代的两部从未有人点校整理过，清代《（康熙）顺天府志》尽管有人整理出版，但在社会上引起过重大争议。在重点攻关的过程中，除了对志书的价值进行认真分析外，对版本的认知也做了系统的考证，并对点校及在志书出版的版式上都进行了有针对性的处理。认真吸纳版本考证的成果。1959 年中国书店影印《（万历）顺天府志》，其版本在国家图书馆和北京大学图书馆有藏，民国年间北平崇文斋传抄刻本十册。关于该志版本，均以谭希思序文所署"万历癸巳冬十月吉"为根据，而断定为万历二十一年刻本，但仔细核对志书中的内容，发现现存刻本和影印本均有增刻的内容，如卷四《政事志·历官》载最后一位"府尹"："李玄，陕西同州人，由进士，崇祯九年三月任。"记最后一位"府丞"："余城，河南商丘人，由进士，崇祯九年九月任。"记最后一位"经历"："乔尧典，山西襄陵县人，南直山阳籍。由选贡，崇祯九年九月任。"记最后一位"照磨"："王承曾，河南夏邑人，由进士，崇祯九年十二月任。"据此，认定该志增补的下限时间为崇祯九年（1636）十二月。❶在整理中，这些增补数据按原版次顺序，按目插入，虽然字体不同，刻工粗糙，但容易辨识。因此，可以断定现存《（万历）顺天府志》实为万历二十一年原刻、崇祯十年（1637）增补的刻本。

这三部志书无论是点校底本的选取、点校整理的形式以及点校整理方法，还是最后的出版，整理者都进行了重点研究，不仅出校注最多，而且还增加了外聘专家审定环节，保证了出版质量。

（四）旧志整理底本的选取与底本的鉴别相结合

志书的版本选取本身就是整理工作的重要组成部分，明确校点所选用的底本应在所能收集到的版本中进行比较研究。明确校点所选用的底本：如有多种版本，应选择初刻本或最具有代表性的版本为底本；如仅有一种版本，当注意选用本是否有缺卷、缺页、缺字或字迹不清等问题，如有，当施以本校、他校或以其他有参考价值的版本对

---

❶ 王灿炽：《燕都古籍考》，京华出版社1995年，第134页。

校，并补全描清。底本上可明确判定为讹、脱、衍、倒的字，可以在底本上径改。明显的版刻错误，根据文义可以断定是非的，可在底本上径改。由于文字异同造成的事实出入，如人名、地名、时间、名物等的歧异，当以考据的方法判断是非，并作相应的文字改动，重要的改动，要出校记，简要说明理由与根据。不能断定是非的，付诸阙疑。底本原文中出现有特殊历史时期的特殊用字，应予保留。避当朝名讳及家讳字的，一般不改，特殊影响文义的避讳字，可以改正，但应出校记说明。明清人传刻古书或引用古书避当朝名讳的，如"桓玄"作"桓元"之类，予以改回，并于首见处出校对说明。避讳缺笔字，如"丘"（避孔子讳）的缺笔字，或采用"口"字避讳的，则补成完整字。在实际操作中，《（乾隆）延庆卫志略》只有抄本，在校点中，以台湾成文出版社影印的乾隆十年抄本为底本，以北京大学图书馆和国家图书馆藏的抄本为参校本，同时还参校了《日下旧闻考》《昌平山水记》等书，对于点校底本中的脱落内容、不清内容进行了处理。

在版本的鉴别与使用中，注意体现版本中的多方成果和重要信息，是做好整理工作所必需的，这在《（康熙）顺天府志》的整理过程中，得到了重要体现。《（康熙）顺天府志》在纂修过程中充分吸收了前代北京方志和其他历史文献的相关成果的，通过对相同内容的部分文字的比勘即可看出。在《（康熙）顺天府志》卷二《山川》门中，所记录的许多内容，皆来自《明一统志》卷一《顺天府·山川》门中，甚至连排序体例与山脉的排列顺序也大致相同。如《明一统志》把天寿山排在《山川》门中的首位，因系为明朝皇陵所在地。《（康熙）顺天府志》则是把凤台山放在首位，因系为清朝皇陵所在地。又如"玉泉山"条，《明一统志》所记为："在府西北三十里，顶有金行宫芙蓉殿故址，相传章宗尝避暑于此。山畔有三石洞，一在山西南，其下水深莫测。一在山之阳，南又有石崖，崖上刻'玉泉'二字。"而《（康熙）顺天府志》所记为："府西北三十里。有二石洞，一在山西南，水深莫测。一在山之阳，有石崖刻'玉泉'二字。"不同之处，前者较详，后者较略；前者称山畔有"三石洞"，而后者改为"二石洞"。玉泉山有三石洞之说，见于明人李东阳撰写的《游西山记》。而有二石洞之说，则见于明人刘侗、于奕正合著的《帝京景物略》。

从清雍正年间李卫主持纂修《畿辅通志》，到乾隆年间重修《大一统志》，再到光绪年间重修《顺天府志》，居然没人见到过《（康熙）顺天府志》，只有朱彝尊在编写《日下旧闻》一书时，曾经零星引用过一些《（康熙）顺天府志》的著述。在清代官修《钦定日下旧闻考》中所引用的朱氏原文之下，皆有引文出处。《（康熙）顺天府志》与《钦定日下旧闻考》相比勘，如《（康熙）顺天府志》卷三《寺庙·顺天府》中有："明教寺（有敕建碑）"，而《钦定日下旧闻考》卷六十一引朱氏原文为："明教寺，在正西坊，有敕建碑。"又如《（康熙）顺天府志》中有："灵应寺（有敕建碑）、慈惠寺、最胜寺（有敕建碑）、广济寺（俱郑村坊）。"而《钦定日下旧闻考》

卷八十八引朱氏原文为："灵应寺、最胜寺，俱有敕建碑，在郑村壩。"再如《（康熙）顺天府志》卷二《陵墓·明》中有："朱之冯墓（在广渠门外）。"而《钦定日下旧闻考》卷八十九引朱氏原文为："巡抚都御史朱之冯墓，在广渠门外。"虽然朱彝尊所引《（康熙）顺天府志》的资料并不多，但亦可见到二者之间的传承关系，由此推断，朱彝尊是能够见到《（康熙）顺天府志》的。❶ 基于对这些资料的分析，对点校整理而言，既可以借鉴与《（康熙）顺天府志》有关的历史文献，又对相应的记载有了明确的认识。

四、《北京旧志汇刊》整理的主要问题与对策

《北京旧志汇刊》陆续出版以后，在引起正面反响的同时，也伴随着非议与批评。其中最为突出的是两个问题。

（一）出版问题

采用线装书的形式出版，费用较高，其中，印书所用宣纸一再涨价，印书成本一再飙升。明《（万历）顺天府志》二函 10 册，标价为 2100 元，印数总量为 500 套，因而，制约了相应的使用群体。

（二）点校问题

尽管集中了强大的整理与出版力量，但是，仍然发现

---

❶ 王岗：《北京旧志汇刊·康熙顺天府志·校点说明》，中国书店 2011 年。

有些地名和专有名词出现了差错。我们的整理工作者主要是从事历史文献整理的行家里手，尽管他们有文献学、历史学的深厚积累，但是，对于一个特定地区的地名、特定专业的知识是很难全部把控的，所以出现差错在所难免。

基于上述两个问题，编委会及专家组已经开始有针对性地采取措施。在出版问题上，取得共识。这套书就是要使后来人真正看到作为中华民族重要的文化载体——地方志的原本形式是什么样子的，所以在保证出版的基础上加大资金投入，内容、形式继续保持不变。为了使读者能够用得上这些志书，将全部整理的旧志放在网络上，在使用上不发生任何费用。

为了避免点校中出现地名和专有名词标点有误的问题，增加所涉及的地区修志人员参与，出版的二校稿增加有当地修志人员审读，重点查看当地的地名和专有名词，最大限度地降低整理中的错误。

旧志整理工作是弘扬中华民族历史文化的重要组成部分，责任重大，使命光荣，必须以强烈的事业心和一丝不苟的工作态度来认真对待。

（作者单位：市地方志办）

从北京市方志馆利用信息化技术的实践
看方志馆多元化发展的方向

韩　旭

内容提要： 信息化建设已成为地方志事业发展的重要组成部分。近几年，随着各省市方志馆的建立，人们更加注重利用方志馆这一平台，充分利用、挖掘地方志资源，更好地发挥地方志成果的功能，即由原来的"以服务修志为中心"转变为"以服务社会为中心"。实现这一目标，最有效的途径是加强信息化建设。地方志信息化建设的核心是地情资源的建设，它主要包括三大方面：一是基础性建设。利用信息化技术对地方志资源进行分门别类的管理，使之更加规范化。二是开发性建设。对地方志资源进行数字化管理，建设数据库，加强珍贵、重要地情资源的保护，提高利用率。三是创新性建设。利用信息化技术充分挖掘地方志资源，推动地情研究，丰富地方文化，更好地服务于经济社会发展。

关键词： 方志馆　建设　信息化　创新

北京市方志馆从 2010 年开始，围绕着如何适应新形势、新任务，以全新的理念为正式开馆进行了一系列的信息化建设工作。

一、以"京网"为起点，不断升级改造

北京市方志馆信息化项目是在北京市地方志办公室的网站"京网"及一个小型局域网的基础上进行升级改造建设的。"京网"是北京市政府门户网站"首都之窗"网站群的一个组成部分。2005 年 6 月完成初步建设，2008 年 5 月完成网站的改版。网站地方志资源全文检索数据库入库《北京志》、各区县志、历年《北京年鉴》，总字数逾亿字，且全部资料免费公开，全文检索准确、快捷。志书展现采用保真的显示格式，在不需要其他第三方阅读软件的基础上，用户在浏览志书内容时，自动加载目录数据，检索结果标有出处、页码及自动反显处理，便于用户的查找及使用。小型局域网建有信息点 58 个，接入带宽为电信通光纤 6M，主要满足办公室人员登录互联网和使用内线电话的两个需求。

随着北京市第一轮修志工作结束及二轮修志工作的开展，《北京志》和各区县志在编纂过程中形成了大量的地方志文字资料、地情资料、音频资料、视频资料和图片资料。市地方志办收藏地情资料书近 6 万册，业务资料 2000 余卷，图片资料 5 万余张。对这些地情资料只是采取单机的信息管理，尚没有形成一个统一的系统，造成使用和管理等方面的不便。

二、新的网络平台建立，奠定了方志馆更广大的服务空间

"京网"的升级改版，利用现有的网站和局域网建设一个统一的网络平台，从而加强管理，提高使用效率，更好地向社会公众提供服务。在市财政的支持下投资 400 余万元，先后建成了图书管理系统、地情资料管理系统、图片管理系统、数字方志馆系统、局域网络设备和办公信息系统。利用方志馆这一平台，最大限度地集收集、保管、阅览、编纂、研究、咨询、展示、交流于一体，充分利用、挖掘地方志资源，更好地发挥地方志成果的功能，即由原来的"以服务修志为中心"转变为"以服务社会为中心"，使方志馆成为传播地情文化，服务社会公众的标志性文化设施。主要建设内容体现在以下几方面。

（一）局域网升级改造

结合北京市方志馆的建筑特点，遵循实用、可靠、先进、安全的设计原则，以网络中心机房为核心，通过网络设备，将北京市方志馆内的各个信息点和中心机房联成一个有机的整体，使整个网络具备稳定可靠、高速率、易管理、可扩展的性能特点，从而满足办公人员的不同形式的应用要求。实现办公人员在网络内的任何位置，都能够轻松上网；实现信息共享、资料查阅、邮件收发，以及为"京网"的各种功能模块等多种应用提供硬件支持。

（二）创建地情资料管理系统

地情资料管理系统参考通用档案管理系统实现功能需

求，选择 CS 模型与 BS 共用的模式建设。系统功能主要包括各项修志资料管理业务功能、系统维护等方面的功能。CS 修志资料综合管理平台主要使用者是资料管理人员，在该平台中管理人员可以完成各种资料业务的管理，包括信息采集中心、业务管理中心、利用中心和系统设置几个子系统。BS 修志资料利用平台主要包括系统登录、资料检索、在线申请、实体借阅、文件浏览等功能模块。

（三）开发图片管理系统

图片管理系统的组成分两部分：后台（管理端）可以对图片库进行维护和更新，在前台（应用端）则可以对图片进行自定义检索和分类浏览。系统采用"表现层—业务层—数据层"三层架构：表现层包括参数配置、图片检索、数据统计（如下载量统计等）和后台管理（图片和人员管理）；业务逻辑层包括图片更新、图片录入、数据抽取（按检索条件抽取数据）、录入日志（批量录入过程中产生的日志信息）；数据层包括检索数据库和图片库。图片不存在数据库中，而是存储在文件里，通过图片名称与检索数据库建立关联。

（四）建立图书管理系统

图书管理系统后台自动化管理平台涵盖图书管理员的完整工作流程，包括图书的采购、编目、典藏、流通控制、报表统计、读者管理、系统管理等多个功能模块，实现了图书的自动化管理。馆藏书目查询模块供图书馆的读者或者管理人员通过各种检索条件查询本馆馆藏文献。馆藏书目查询模块包含馆藏查询、高级查询、分类查询以及典藏查询等功能。

（五）建设数字方志馆系统

数字方志馆系统中主要包括几种数据格式：文字资料数据、图片格式数据、声音数据、视频数据、会员资料数据、基本网站信息数据。系统采用全文检索数据库（支持全文检索的数据：文字资料）和基础数据库（会员资料数据、基本网站信息数据），对于图片数据、声音数据、视频数据等属于大容量的数据可以保存在单独的服务器里，与基础数据库建立关联。全文检索数据库采用"京网"网站使用的检索数据库，把老数据和新数据进行整合。为了保证重要志鉴等信息的安全，需建设内网和外网数据库，并通过网闸进行分离，当内网信息发布后，外网数据库需要和内网数据库进行数据同步。

（六）建立办公信息系统

办公信息系统是实现办公室日常办公的自动化处理和业务信息数字化，支持远程办公，提高工作效率。

以上几个系统的建设和实施，对地方志馆藏资源的整合、利用提供了一个全新的发展平台，主要表现为三大方面：一是基础性建设。利用信息化技术对地方志资源进行分门别类的管理，使之更加规范化。二是开发性建设。对地方志资源进行数字化管理，建设数据库，加强珍贵、重要地情资源的保护，提高利用率。三是创新性建设。利用信息化技术充分挖掘地方志资源，推动地情研究，丰富地方文化，更好地服务于经济社会发展。

三、北京市方志馆信息化建设价值

经过几年的不断探索，目前有些成果已经开始在新建的北京市方志馆投入使用和试运行，显现出不同凡响的价值。

（一）利用信息化技术分门类整合地方志资源，为社会公众查询服务提供基础保障

地方志资源从狭义上，可理解为地情资料，它是反映一地自然、政治、经济、文化和社会的历史与现状，具有保存、研究和使用价值的资料性文献。地情资料按照类型可分为文字资料、图片资料、数字声像资料、口述资料和实物资料等。这些资料大部分是在修志过程中收集、积累和产生的，是记述历史的重要载体。如何将这些载体进行科学的、有效的分类管理，就要依靠信息化技术手段。在北京市方志馆的信息化建设中，根据馆内收藏地情资料的特点，进行了图书管理系统、地情资料管理系统、图片管理系统的建设工作，统称为地方志资料的三大管理系统。其总体目标是，以地情资料为核心，以整合信息资源为基础，以实现资源共享为目的，将馆藏地情资料，借助信息技术进行数字化的收集、管理和提供利用，实现地情资料管理模式的创新。

图书管理系统是针对馆藏图书进行的统一的、规范化分类管理，是集合采购、编目、流通管理、期刊管理、Web 信息检索等子系统，全方位地实现方志馆图书的自动化管理，支持 MARC 数据规范，并且支持多客户端并发操

作。该系统属于成熟型系统，广泛应用于各大图书馆，但是，在系统中设定图书类别时，要注重与公共图书馆图书分类的区别。地方志藏书一般以历史地理类为主，重点收集志书、年鉴、地情资料书，要针对藏书特点，在遵循《中国图书馆图书分类法》的原则上，既要最大程度地体现方志馆藏书特色，又要与其他图书馆接轨，为今后图书资源共享打下基础。

图片管理系统是对馆藏图片进行科学的、有效的管理。建设统一的图片检索库，实现图片的扫描、上传、存储、分类等功能，实现图片多属性的查询检索功能，实现图片缩略图的自动生成功能，并可以对库中所有图片进行自定义检索和分类浏览。该系统属于开发型系统，在模块设置时，要结合馆内所藏图片的特点，进行逐级分类，制定《图片资料分类标注说明》，将图片资料按一、二、三级依次进行分类标注，便于在系统中进行查询和管理。

地情资料管理系统是在档案管理系统的模式下进行的再建设，它是针对地方志资料的特点，将各修志机构在修志过程中形成的中间成果、业务资料以及历年来反映本单位整体工作的资料等数据，以统一的格式接收并管理。这部分资料与档案有相同之处，大部分资料是在档案资料的基础上产生的，但是，又有别于档案。因此，在系统建设中，借鉴档案管理系统的整体框架结构，根据地情资料的特点，制定了《北京地情资料整理规则》及《北京地情资料著录规则》，以此规范标准，对地情资料进行统一管理，可进行高效利用和查询。

（二）利用信息化技术全方位展示地方志成果，为服务社会开启一扇窗口

《地方志工作条例》第十六条规定："地方志工作应当为地方经济社会的全面发展服务。县级以上地方人民政府负责地方志工作的机构应当积极开拓社会用志途径，可以通过建设资料库、网站等方式，加强地方志工作的信息化建设。公民、法人和其他组织可以利用上述资料库、网站查阅、摘抄地方志。"这为地方志信息化建设指明了方向，提供了法律依据。随着信息化技术的全面普及与发展，人们对地方志资源的需求，不仅仅停留在查询上，更需要提供更加便捷的服务，让人们可以在任何时间、任何地方，甚至可以足不出户地自由查询、搜索、利用方志馆的信息资源，从而实现信息资源共享的服务模式。因此数字方志馆，作为虚拟的"实体方志馆"应运而生。

数字方志馆的建设要根据各方志馆的功能、馆藏资源等进行定位。以北京为例，数字方志馆建设的主要目标，是在目前北京地情数据库的基础上，加入馆藏的北京旧志及其他特色志鉴等地情资料内容，建设成为更加全面、专业的北京地情数据库。同时依托互联网的优势，通过文字、图片、声音、影像、地图等多种媒体类型，全面地反映北京的历史和现状。数字方志馆完全向社会各界开放，使之成为全社会查阅北京资料、认知北京文化、阅读北京历史的综合窗口。其主要功能包括：（1）建设北京地情资料数据库。该系统共建有古籍库、志书库、年鉴库、地情资料库、期刊库、图片库、影音库七个数据库。库里的

全部内容与原书保真显示，支持目录树浏览方式，支持多属性的全文检索。通过不同级别的用户权限的设置，全社会各界用户可以在线阅读、查寻检索和下载打印，满足社会各阶层的决策和参考需要。（2）实现馆藏的查询和预约。社会用户可以在网上查阅馆藏的基本信息，同时通过在线预约系统，节约用户实地查阅的时间，更好地发挥北京市方志馆向社会服务的功能。（3）建设在线视频点播系统。该系统力求较全面地收录关于北京历史文化、民俗风情等方面的视频影像，用户可以在网上通过视频点播系统，流畅地观看视频影像，更直观地了解北京的风土人情。（4）网上展厅。选取部分北京市方志馆展厅的内容，通过数字化手段处理后放在网上展出，提高社会用户对北京地方志工作的了解和认知。（5）个人图书馆。为注册用户提供个人图书中心，可以收藏自己喜欢的志鉴及资料，可记录读书笔记，并增加读者间交互沟通等功能。

数字方志馆是地方志信息化建设的主要表现形式之一，未来发展空间非常大，它既是虚拟与现实的结合，又是虚拟与现实的互补，因此，数字方志馆的建设要与实体方志馆的建设结合起来，取长补短，扬长避短，在发展中不断地积累、充实、改进、创新。

（三）利用信息化技术进一步挖掘地方志资源，为政府决策、学术研究提供可靠依据

地方志资源具有涵盖面广、内容繁多、准确性强、权威性高等特点，长期以来，一直被社会各界人士所认同和接受，它是继档案资料之后，又一种真实反映史实的资料

性文献。人们在进行学术研究的过程中，往往将地方志资料作为原始资料依据。因此，地方志资源中隐藏着很多丰富的、系统的资料，需要我们去探究和挖掘，将这些资源进行再加工、再创造，成为系统的、专业性强的资料。

近年来，利用地方志资源，挖掘、展示地方志成果，是读志用志的主要表现手段，其主要表现形式，是通过地方志书编辑出各种形式的作品，如特色志书、报刊专栏、专题论文等，宣传地方志成果，开发地方志资源。但是，利用信息化技术手段挖掘地方志资源，则是一项创新性的工作。

北京市的首轮志书，上限大多追溯到远古或起始之时，其中记载了大量的资料数据，其中新中国成立前的数据比较珍贵，这些数据在目前权威性的统计数据库中是一项空白。因此，从志书中，提取新中国成立前的各种数据，进行分类、加工、汇总，通过定性、定位、定量统计分析，能够一定程度上反映北京解放前，在国民经济、社会发展中的一些现象和规律，为社会专业研究人士提供一个数据平台。但这项工作需要借助于信息化技术手段，由此，衍生了志书数据采集系统的建设。这个系统的建设，实际上就是进行基础性的数据资源库的建设，是从数据源收集、识别和选取数据的过程，是从志书中提取新中国成立前（截至 1949 年 9 月 30 日）反映北京地区的经济和社会现象的，具有性质、区域和数量上的比较与统计意义，具有潜在的统计及分析价值的基本数据。根据我们对采集数据的需求，确定数据采集规则、数据分析规则、数据分析展现形式，尽可能完整地在系统中体现数据相关信息，从而达到数据采集的唯一性、权威性、连续性、相关性、统一性。如此在一定程度上填补了新中国成立前统计数据的空白。

地方志信息化建设是一项系统工程，涉及地方志工作的方方面面，要统筹规划，突出重点，整体推进，在推进中求创新，在创新中促发展，既要在本单位加强信息化的建设，也要在各省市之间加强沟通协作，相互交流，共同促进，共同发展，为今后实现全国地方志系统的资源共享打下扎实的基础，只有这样，才能发挥方志馆在文化建设领域中的作用，才能实现方志馆以服务社会为中心的功能，才能推动地方志事业的整体发展。

（作者单位：市地方志办）

"存史、资治、教化"功能再认识

赵　鹏

内容摘要："存史、资治、教化"作为地方志三大功能，随着所处时代环境的变化和社会主义新方志实践的深入，内涵和外延也在发生着深刻变化。本文提出，存史要从法、理、情入手，坚持正确方向，延续历史文脉，承载深重乡愁；资治要明确资治领域，丰富资治内容，强化资治能力建设；教化要在坚定四个自信、传播社会主义核心价值观、加强文化传承创新方面发挥积极作用。

关键词：存史　资治　教化　再认识

"存史、资治、教化"作为地方志的三大功能，是宋元时期方志大家郑兴裔总结概括的。经过不断发展，"存史、资治、教化"已经成为公认的地方志主要功能。在不同时期，方志大家和专家学者均对此有过精辟的论述。随着中国特色社会主义建设的不断深化，随着社会主义文化建设的不断深化，随着社会主义新方志实践的不断深化，需要我们以改革创新的勇气，进一步审视地方志"存史、资治、教化"三大功能，拓展外延、丰富内涵，以更加积极有为的精神状态，充分发挥地方志"存史、资治、教化"功能，更好地为党和国家工作大局服务，为中国特色社会主义建设服务，为人民群众服务。

一、深刻把握新时期新形势提出的新要求

胸怀大局、把握大势、着眼大事，才能做到因势而谋，应势而动，顺势而为。当前，我国经济社会正在发生深刻变革，唯有站在国家发展的大格局中去思考地方志的功能和作用，谋划地方志的发展蓝图，才能找准发挥地方志"存史、资治、教化"功能的着眼点和切入点。

（一）深刻把握中国特色社会主义发展提出的新要求

中国特色社会主义事业是一项前无古人的伟大事业，已经取得举世瞩目的成就。其所代表的"中国模式""中国道路"，已经越来越引起世界的关注和重视。为了解决发展中的问题，有效应对前进中的挑战，不断完善社会主义制度，中国特色社会主义在不断地进行着改革和自我完善，形成了一系列重大战略思想和战略举措。党的十八大提出"两个一百年"的奋斗目标，党的十八届三中全会进而提出，"全面深化改革的总目标是完善和发展中国特色社会主义制度，推进国家治理体系和治理能力现代化"，标志着中国特色社会主义进入到崭新的发展阶段。如何记录中国特色社会主义的伟大实践，为中国特色社会主义建设提供历史智慧，更好地为中国特色社会主义服务，需要

以新的思路、新的视角去思考地方志"存史、资治、教化"功能。

（二）深刻把握社会主义文化建设提出的新要求

文化建设是社会主义建设的重要组成部分。从两个文明建设到建设社会主义文化强国，文化越来越受到重视，并发挥着举足轻重的作用。当今世界，国与国之间的竞争，不仅在比以经济、军事实力为代表的硬实力，更在比以文化、制度、思想为代表的软实力。地方志在从文化自觉到文化自信的过程中肩负什么样的使命，在文化传承创新、塑造核心价值体系、满足人民群众不断增长的文化需要方面发挥什么样的作用，在文化"走出去"、实现跨国界跨种族跨文明沟通、树立开放自信的中华文明新形象方面扮演什么样的角色，需要我们以新的思路、新的视角去思考地方志"存史、资治、教化"功能。

（三）深刻把握社会主义新方志实践提出的新要求

从 1977 年全国部分县市开始编修当地的新方志算起，社会主义新方志的实践已有 38 年的历史；从 1980 年全国开始编修社会主义新时期首轮方志算起，社会主义新方志的实践已有 35 年的历史。这些实践所形成的经验和教训，对形成和完善社会主义新方志弥足珍贵。毋庸置言，社会主义新方志脱胎于传统旧志，但经过 30 多年的发展，已经显示出不同于传统旧志的体系和格局。王伟光同志在中指组五届一次会议上指出，"地方志工作已经成为一项浩大的文化系统工程，形成了包括志鉴编修体系、地方志资源开发利用体系、理论研究体系和工作保障体系在内的新的工作格局"。如何总结好社会主义新方志的实践经验，开创社会主义新方志发展的新局面，需要以新的思路、新的视角去思考地方志"存史、资治、教化"功能。

二、关于"存史"功能的再认识

"存史"是地方志的首要功能，也是志鉴编修的主要目的。如何将地方志编修成为了解一个地区基本情况的权威资料，成为记述这一地区经济社会发展和改革开放历程的信史，要从法、理、情三者入手。所谓"法"，是指地方志编修的指导思想、基本原则和基本方法，这也是社会主义新方志不同于旧志的根本区别；所谓"理"，是指地方志编修要忠实记述历史已经形成或正在形成的文化精髓和历史渊源，延续当地历史文脉；所谓"情"，是指地方志编修要考虑当地人民群众的情感，以情修志，使志书成为寄托乡愁的重要载体。在地方志编修中做到法、理、情三者有机统一，就能够编出良志、佳志，使志成为信史，发挥"存史"功能。

（一）从法入手，坚持正确方向

地方志编修的主要任务是将党领导人民建设中国特色社会主义的生动实践、历史过程和辉煌成就记述好。马列主义、毛泽东思想和中国特色社会主义理论体系是地方志编修的指导思想，历史唯物主义和辩证唯物主义是地方志编修的基本原则和基本方法。将马克思主义的立场观点方法运用于地方志编修的全过程，特别要运用好历史唯物主义。要学习和运用社会存在决定社会意识的观点，全面客观准确地记述党在认真分析我国社会存在的基础上制定路线方针政策的历史；学习和运用社会基本矛盾分析法，全面客观准确地记述党全面深化改革、不断发展和完善中国特色社会主义的历史；学习和运用物质生产是社会生活基础的观点，全面客观准确地记述党解决生产关系中不适应生产力发展的问题、上层建筑中不适应经济基础的问题，以及解放和发展社会生产力的过程；学习和运用人民群众是历史创造者的观点，全面客观准确地记述党带领人民、依靠人民推进改革，实现好、发展好、维护好最广大人民利益的历史。

（二）从理入手，延续历史文脉

任何一个地区在漫长的历史岁月中都有其文化传承，都会沉淀出这一地区独特的精神内涵和文化品质，形成这一地区人民共同的价值认同和精神追求，这是地域文化形成的基础和历程。不同的地域文化共同组成了我们国家丰富灿烂的民族文化。地方志就是要通过志书和年鉴编纂将这种地域文化形成、传承、发展的过程记述下来。以北京为例，北京作为一座有着 3000 多年建城史和 800 多年建都史的城市，文化积淀深厚，内容包罗万象。通过一轮修志，对北京以往的历史进行了梳理、整理和记述，相当于通过志书和年鉴的形式对北京的历史进行了还原和保存。这就是对历史文脉的延续。正如段柄仁同志在 2014 年北京市地方志工作会议上所指出的那样，"地方志是历史文化永续利用的基础性载体，在历史文化永续利用中起的是基础作用、积聚作用和传承作用"。

（三）从情入手，承载深重乡愁

乡愁是对家乡的感情和思念，是一种对家乡眷恋的感情状态。地方志的语言是严谨、朴实、简洁、流畅的，但并不代表地方志没有感情。地方志通过对当地政治、经济、文化、社会、生态的全景式描述，可以再现一定时期内的生活样态，勾起阅读者对该地区该城市的回忆，引发阅读者强烈的情感共鸣。例如，人们可以通过阅读《北京胡同志》，了解老北京的生活，回忆自己以往在胡同生活的点点滴滴，有些胡同可能消失了，但这种对胡同的记忆是无法消失的。这就是地方志承载乡愁的具体体现。

三、关于"资治"功能的再认识

"郡之有志，所以资政治也。""资治"是地方志的重要功能，也是地方志工作机构的重要职责。社会主义新方志的"资治"功能主要体现在为党和政府工作大局服务上。因此，地方志工作机构要围绕党和政府工作大局，找准资治的切入点和着力点，提炼和总结过去治党治国治军的历史智慧，努力为党和政府提供高质量高价值的决策信息，努力成为"党委、政府科学决策的重要咨询部门，成为经济社会发展改革的信息库"❶。这里需要指出的是，在大数据时代和信息化时代，地方志提供的决策信息与其他方面提供的信息最大的差异，在于地方志的权威性、全面性和准确性上。

---

❶ 王伟光：《在中国地方志指导小组五届一次会议上的讲话》，《中国地方志》2014年第1期。

（一）明确资治领域

地方志资治的领域，大致可以分为四个方面。一是围绕中心，服务大局。经济建设是中心任务，这是不变的，但工作大局随着不同的地区、系统、部门而不同。要根据不同地区、系统、部门的工作大局开展资治工作。例如，当前首都的工作大局就是落实习总书记重要讲话精神，把握首都城市战略定位，做好调整疏解非首都核心工作、控制人口无序过快增长、提升城市建设质量、提高城市管理水平、加大大气污染治理力度、推进京津冀协同发展、维护首都安全稳定的各项工作，地方志可以围绕这些开展资治工作。二是服务中国特色社会主义总体布局。围绕经济建设、政治建设、文化建设、社会建设和生态文明建设，从地方志中寻找经验和智慧，推进社会主义市场经济体系、社会主义政治体系、社会主义社会治理体系、社会主义文化强国和社会主义生态文明制度建设。三是服务党的自身建设。党的建设是地方志记述的重要内容，通过回顾党的建设历程，总结正反两个方面的经验，可以促进党的思想建设、组织建设、作风建设、制度建设和反腐倡廉建设，为建设马克思主义学习型、服务型和创新型政党提供重要的历史参考，使党不断提高科学化建设水平，更好地承担起领导人民建设中国特色社会主义的历史重任。四是服务社会热点焦点问题的解决。不同时期，社会上总会出现这样或者那样的热点焦点问题，可以从地方志资料中查找历史上有无类似事件的发生以及如何解决的过程，从而为解决现实问题提供重要参考。

（二）丰富资治内容

从目前看，为党和政府决策提供高质量高价值的信息参考，是地方志服务党和政府决策的重要形式。地方志是全面记述某一时期某一地域自然、社会、经济、政治、文化等方面情况的书籍文献。为党和政府提供决策参考，不是照搬照抄地方志资料中的某一方面内容，直接提供给党和政府，而是要对地方志资料进行一次、二次甚至多次深加工，从历史文献中发现历史智慧，把历史形成的经验和智慧提供给党和政府。根据党和政府不同的决策需求，地方志大致可以提供三个方面的资治内容。一是提供历史资料，将散落在不同志书、年鉴中的同一类型资料专题化、系统化、体系化，尽可能形成最全面客观准确的文献资料，为党和政府决策提供一个真实的历史依据。二是提供历史规律，从历史上已经发生的事物或工作中，总结出带有规律性质的东西，探索事物或工作的成功经验或失败教训，以此形成历史借鉴。三是提出前瞻性建议，在对总结历史规律的基础上，对同类型的可能发生的事物或工作，判断发展趋势，提出解决预案，简而言之，就是总结规律、发现问题、判断趋势、提出预案。提供历史资料在资治内容中占据最大比例，也是地方志的最大优势所在；提供历史规律次之；提出前瞻性建议最有价值，但要慎之又慎，确保准确性和科学性。

（三）强化资治能力建设

提供丰富的资治内容，对地方志工作机构来讲，实际上提出了一个加强自身能力建设的课题。地方志资料加工的主体是地方志工作机构，地方志"资治"功能实现得好与坏，主要取决于地方志工作机构自身能力的强与弱。这需要地方志工作机构根据资治需要，在确保志鉴编修任务按时保质保量完成的基础上，科学调整内设机构，合理调配工作力量，努力形成工作合力，着力提升战略思维能力、科学研究能力和沟通协作能力。提升战略思维能力，主要培养站在经济社会发展全局的、整体的高度总体把握经济社会发展大势的能力，当前要加强对全面深化改革总体目标、总体布局、战略举措的把握，根据地方志的优势和特点，科学确定地方志资治的切入点和关键点。提升科学研究能力，主要是加强对地方志资料的分析、加工和整理，从纷繁复杂、千头万绪中梳理脉络、提炼观点，把握时代性，体现规律性，富于创造性。提升沟通协作能力，主要指两个方面，一方面是加强地方志工作机构内部之间的信息沟通、资源共享和团结协作，另一方面是加强地方志工作机构与党和政府政策研究部门、官办智库机构、民办智库机构之间的信息沟通、情报互换和有效合作。

四、关于"教化"功能的再认识

2014 年习近平总书记在考察北京市时指出，要高度重视修史修志，让文物说话、把历史智慧告诉人们，激发我们的民族自豪感和自信心，坚定全体人民振兴中华、实现中国梦的信心和决心。这实际上也是对社会主义新方志"教化"功能的精辟概括。社会主义新方志作为党领导下的文化系统工程，应该成为社会主义意识形态的重要组成部分，在传播社会主义意识形态、塑造社会主义核心价值、加强文化传承创新方面发挥积极作用。

（一）坚定"四个自信"

事实胜于雄辩。通过地方志对党领导人民建设中国特色社会主义历程的翔实记述，一是可以帮助人们了解建立中国特色社会主义的历史必然、探索中国特色社会主义的艰辛曲折、坚持和发展中国特色社会主义取得的辉煌成就，从而认识到"只有社会主义才能救中国，只有社会主义才能发展中国"的朴素道理；二是可以排除建立在歪曲史实和错误逻辑上的所谓"民主宪政""普世价值""历史虚无主义""新自由主义"等思潮的干扰，巩固党和人民团结奋斗的共同思想基础；三是引导人民牢固树立道路自信、理论自信、制度自信和文化自信，坚持、发展和完善中国特色社会主义道路、中国特色社会主义理论、中国特色社会主义制度、中国特色社会主义先进文化，更加团结地凝聚在中国特色社会主义伟大旗帜下，以更加奋发有为的精神状态全面建成小康社会、全面深化改革开放，努力实现个人的中国梦、国家的中国梦。

（二）传播社会主义核心价值观

党的十八大提出，倡导富强、民主、文明、和谐，倡导自由、平等、公正、法治，倡导爱国、敬业、诚信、友善，积极培育和践行社会主义核心价值观。在国家、社会、个人三个层面倡导的社会主义核心价值，均可以在地方志中找到与之相对应的人或事，从而形成对社会主义核心价值观的深刻诠释。如果将地方志中与之相对应的人或事抽取出来，丰富传播方式，改进传播语言，将会增强社会主义核心价值观的亲和力、感染力和影响力，引导人们自觉做社会主义核心价值观的宣传者、践行者和发展者。

（三）加强文化传承创新

地方志作为历史的客观记述，延续历史文脉，承载深重乡愁，可以在文化传承创新上发挥四个方面的作用。一是通过对历史文化的记述，促进对优秀传统文化的继承。二是通过对地域历史特别是改革开放奋斗历程的记述，加深对以爱国主义为核心的民族精神和以改革创新为核心的时代精神的理解和认同。三是通过对当地人民奋斗历程的记述，可以塑造城市精神或地区精神。"爱国、创新、包容、厚德"的北京精神，都可以在《北京志》和区县志中找到有力注脚。四是促进文化交流，不同地域的人们通过地方志可以了解不同地域的文化传统，从而促进文化的沟通和融合。

五、结语

"周虽旧邦，其命维新。"社会主义新方志实践不止，理论创新不止，对地方志"存史、资治、教化"功能的诠释和解读亦不止。地方志"存史、资治、教化"功能始终是一个开放体系，具有巨大的理论和实践空间。"存史、资治、教化"功能的发挥程度，也将从另一个方面促进地方志编修水平的稳步提升。随着社会主义新方志实践的不断深化，对地方志"存史、资治、教化"功能的认识和实践也将不断迈上新的台阶。

（作者单位：市地方志办）

地方志开发利用工作浅议

郭晓钟

内容提要： 通过学习中央和北京市领导对地方志工作所作的指示批示精神，结合笔者近年来对北京市地方志系统开发利用成果的收集整理情况，对《地方志工作条例》中"开发利用"的主体、基本保证和开发利用的基础进行了分析。认为应该从关乎事业发展的高度，认识地方志开发利用工作；明确开发利用主体，这是开发利用的前提；加大宣传力度，这是开发利用的保证；保证志书质量，夯实开发利用的基础。

关键词： 加强认识　明确主体　扩大宣传　夯实基础

2014 年春天，在北京市掀起了一股"方志热"，在这场"方志热"中，地方志的开发利用工作成为领导和广大修志工作者关注的焦点。首先是习近平总书记在参观考察首都博物馆时指出，要在展览的同时高度重视修史修志，让文物说话、把历史智慧告诉人们，激发我们的民族自豪感和自信心，坚定全体人民振兴中华、实现中国梦的信心和决心。中国地方志指导小组副组长李培林在北京调研地方志工作时强调，要加大宣传和开发利用，要创新方志文化资源的开发和传播方式。北京市市长王安顺在第七届地方志编委扩大会议上指出，要充分发挥地方志功用，走出一条具有综合效益的新路。《北京志》主编段柄仁在2014 年度地方志工作会议上强调，在读志用志方面，缺乏引导宣传力度，志书出版后仅局限于业内流转使用，资政和育人作用发挥得不够。北京市地方志办为此召开专题会议研究地方志开发利用工作。笔者因组织举办北京市地方志系统开发利用成果展，走访了众多修志单位，对开发利用工作也作了一些粗浅的思考。

一、从关乎事业发展的高度，认识地方志开发利用工作

地方志一说是地方志事业，一说是地方志书。这两种说法流行过一段时间，但容易让行业外的人误解。《地方志工作条例》颁布实施以后，地方志是地方志书的说法才告以终结。我们通常说地方志，在业内至少应指地方志事业，其中，包括了方志编修、理论研究、资料信息、宣传培训和年鉴学会等工作的集合，地方志事业的发展，就是上述工作的均衡发展。其中，有的工作开展的时间比较长，取得的成就也比较大，有的工作就业内来讲是新事务，历史短，取得的成果也相对要少，但这些工作又不能偏废，要发挥其工作职能，就得找到一个比较好的突破口。地方志开发利用工作则正是这一个关键的"突破

口"：通过业内人士的共同努力，把严谨、科学的志书资料，通过开发利用工作，衍生出群众喜闻乐见、领导易于接受的新的产品样式，让这些新的产品或者形式更加贴近当代经济社会发展，在资治、存史、教化等方面上搞好三个服务，即为党和国家的工作大局服务，为中国特色社会主义建设服务，为广大人民群众服务，只有这样，地方志事业才能正真发挥功效，实现文化建设基础性工程的作用。一轮地方志编修过程中，编修和开发的结合就做得不尽如人意，对开发利用工作做得不够，这个教训是现实的也是深刻的。因此，开发利用工作的好坏和地方志事业发展休戚相关并相辅相成，只有开发利用工作做好、做到位，从领导干部到普通群众，才知道地方志于他们的价值，说白了，地方志有用，而且和他们有关联，这样，地方志工作面临的一些困难，一些瓶颈才能更好地得到解决，地方志工作才能得到更加广泛的认同和支持，事业才能得到更好的发展。道理很简单，优化了外部环境，创造了发展的有利条件，再通过自身的努力，事业就没有不展的道理。

二、明确开发利用主体，这是开发利用的前提

何谓前提？词典的基本含义是事物发生或发展的先决条件。地方志的开发利用工作的发生发展，都离不开人的活动。因此，首先明确何人来参与此项工作，成为此项工作的先决条件，即明确开发利用工作的主体是开发利用工作的先决条件，是地方志开发利用工作首先需要明确的要

件。而现实情况是，开发利用的主体，即谁在开发，谁在利用的问题在业界一直不明确或者往往被人忽略。比如：一说是地方志从业者，一说是行业从业者，因此，从中指组到市地方志办公室，应对开发利用的主体进行明确和界定，此种理论问题不解决，实施操作中往往出现这样那样的偏差。地方志的开发利用，一种说法是，凡从事地方志编修之外的对志书或志书资料再加工、再利用都叫开发利用，这样，开发利用是同一个主体。另一种说法则是开发和利用，这样就又产生了两个主体，一个是开发的主体，另一个是利用的主体。狭义地说，开发的主体是地方志从业者，利用的主体是广大的受众，但这二者又不能截然分开，因为地方志从业者仍旧可以是受众。广义地说，受众既可以是地方志开发的主体，又可以是利用的主体，不过这种现象不具普遍意义，除了地方志从业者，很少有人在时间、人力和物力上来专门从事地方志的开发工作。因此，笔者认为地方志的开发工作的主体应该还是地方志从业者，这是《地方志工作条例》的明确要求。利用的主体除了地方志从业者外，更多的对象应该还是广大的受众。但目前谁是利用的主体还存在误区，主要表象为各级行政领导是利用的主体，主要表现在"宣传领导，为领导决策服务"已经成为我们行业的口头禅，毫无疑问这是正确的，但不全面，还应该为广大的社会阶层服务。从历史上来看，为官之始，官员先查阅当地志书，以了解社情民意，这是事实，也是必要的手段。但社会发展到今天，通过志书以外的其他的、别的很多手段和途径都可以达到上述目的，何必非要翻阅地方志书或者志书的衍生品呢？这是其一。其二，古代识字断句者少，大部分人目不识丁，但现在不识字的人是少数，志书和志书的衍生品是绝大多数人都可以阅读的。因此，利用的主体不仅仅是各级领导，还应是更广大的群众，比如：学者，通过志书和志书的衍生品可以治学；商人，通过志书和志书的衍生品可以经商；学生和普通市民，通过志书和志书的衍生品可以增长知识得到精神层面上的满足。因此，利用的主体应该是社会的各阶层，领导阶层是涵盖其中的，这无须赘言。只有明确开发利用的主体，才能各司其职、各行所能，让开发利用工作有序、长久地运行下去。

三、加大宣传力度，这是开发利用的保证

宣传就是广而告之，有很强的目的和目标性，现实中好的宣传策划，起到事半功倍效果的实例不胜枚举。就目前而言，地方志在社会上的知名度不高，很多人不知道地方志为何物，这和新中国成立以来，一度中断过近 20 年的地方志编修这一客观事实有关。但和我们自己不注意宣传也有关。当我们抱怨领导不重视地方志工作的时候，还不如花时间、花心思去琢磨如何宣传自己，不仅面向普通群众，同时也面向各级领导。地方志事业要生存，要争取发展的空间，必须要有领导、有群众对地方志的支持和帮助，地方志从业者都有义务对各级领导和广大群众进行广泛的宣传，让他们知道什么是地方志，地方志是干什么的，地方志有什么用。在此基础上，开发利用的成果才能

被人所知，才能更好地让将这些开发利用的成果发挥应有的功效。一轮修志成果真正发挥功效的事例不多，原因就在于，在知识经济背景下，在信息时代环境中，自己关起门来，艰苦地努力修志，和时代脱节，忽略了对地方志成系统、有目的的宣传，造成很多人不知道地方志为何物的恶果。因此，必须重视对地方志工作的宣传，让地方志进入到寻常百姓生活的那一天，文化工程之基才能实现。

四、保证志书质量，夯实开发利用的基础

地方志书归根结底还是一本书，是书就得具备三个最基本的特点，那就是可读性、知识性和实用性。这是我们开发利用的基础，志书不具备上述三个特点，开发和利用就无从谈起。试想一本书，读起来不是朗朗上口而是诘屈聱牙，文化基础再高的人，恐怕也会耐不住性子读下去；试想一本书，没有知识性，不能给读者带去有用的信息，这本书编辑班子再强大、外观再精致，恐怕也是金玉其表，败絮其中了；试想一本志书不是一个行业、一个部门的历史积累，不是总结过去，教育后人的教科书，这本书的实用性荡然无存，那这本书还有什么用处？综上所述三点，这样的书再进行开发利用恐怕也很难下手。所以，要开发利用，志书质量是关键，一个好基础，才有一个好结果。这是显而易见的基本道理。

（作者单位：市地方志办）

浅谈地方志书如何吸引读者

张　柳

内容摘要：新编地方志书的受众面目前还不是很广，在当今时代，如何提高志书吸引读者的能力，是一个很现实的问题。一是要提高志书的实用性，需要在志书的准确性上下功夫，确保所录数据具体准确，所记史实真实无误，增强志书的实用价值。二是要紧跟时代，对时代热点问题不回避、不遗漏。三是要通过现代科技手段，让读者检索资源变得简单快捷。

关键词：地方志　实用性　准确　时代

修史修志是中国特有的文化传统，千百年来，史志为国人提供了丰富的精神食粮，传承了悠久的文化，为中华文明的继承和发扬做出了不可磨灭的贡献。时代发展到今天，新编地方志已经成为当今社会多元文化的重要组成部分，然而因为种种原因，地方志书的受众面目前还不是很广，仅局限于学者、文史爱好者、相关专业学生等群体，这种情况对志书的利用及开发有很大限制，制约了志书的

"修用并举"，因此在当今时代，如何提高志书吸引读者的能力，是一个很现实的问题。

提高志书吸引读者的能力，最终实现"修志为用""修用并举"，让志书切实为广大人民群众服务，笔者认为可以从以下几个方面着力。

首先，要提高志书的实用性，在志书的准确性上下功夫。

除了官修志书，民间也有很多私修志书，官修志书与私修志书最大的不同在于官修的权威性，这一点毋庸置疑。因此官修志书要确保所录数据具体准确，所记史实真实无误，这样读者才会真正以官修志书为准，这无形中增强了志书的使用率，其实用价值也会日益彰显。具体体现在：入志的数字要准确，避免因为抄写、计算而造成错误；处理统计数字时要对一些明显浮夸不实的数字进行核对；对史实的记录要谨慎，核实无误后再落笔；等等。总之，准确性是志书的根本，是志书开发利用的基础，也是最能吸引读者的地方。

其次，要紧跟时代，对时代热点问题不回避、不遗漏。同时可以通过各种宣传平台将志书中与当今时代结合紧密的部分抽取出来，以飨读者。

当今中国处于改革时代大潮中，举国上下处于民族复兴的伟大时刻，变化与变革随时都在发生，对这些变革，修志人不应该熟视无睹，要明确自身的责任，在志书中将重大事件的关节点、前因后果记述清楚。因为读者往往对重大历史事件感兴趣，希望了解更多更准确的资料。比如关于 20 世纪 80 年代改革开放初期，中国人的实际生活状况，衣食住行等各方面具体的信息。再比如 20 世纪 80 年代"粮票"逐渐退出历史舞台，很多人对这一过程很感兴趣。志书中将这些反映时代变革的事情记录清楚，可以吸引更多的人进行查阅。

通过各种宣传平台，将志书中与当下结合紧密的知识性内容抽取出来，也是吸引读者的很好的方式。比如通过发布微博的方式，利用地方志知识专业性、权威性的特点，参考志书，设置一些具体的专题，如"老北京一些行话和隐语""北京的制印行业"（参考于《民俗志》）；"北京地区的博物馆""北京地区博物馆馆藏精品"（参考于《博物馆志》）；"北京地区的万里长城""北京古塔"（参考于《文物志》）；"通州民谣""老北京民谣"（参考于《通州志要》《大望京志》）；等等。实践证明，这些专题都收到了不错的效果，阅读量比较高。

最后，通过现代科技手段，让读者检索资源变得简单快捷，也是吸引读者的重要方式。

中国修志传统绵延几千年，传统旧志卷帙浩繁，新编地方志包罗万象，如此庞杂的资源，读者未必都需要，很多读者为了查阅某一方面的资料，往往要花费很多无用功，把精力都用在了翻阅纸质书页中，利用现代科技手段，将所有资料数据化，实现网上检索，则可以提高资料的利用率。北京市地方志办在这方面做了一些有益的探索，比如开设数字方志馆，依托互联网提供读者在线预约；开设网上展厅、电子阅览厅等。可以说新技术手段为传统修志业务注入了活力，也使志书这一古老传统的文化载体吸引了更多的年轻人。

新编地方志、记历史、记地理、记政治、记经济、记自然、记社会、记文化、记风俗、记人物、记大事、记著述，可谓一座地方文化宝库，但归根结底，要把这些资料运用起来才能体现志书的价值；让今天的读者意识到志书的价值所在，认识到这是一个可供利用的工具平台，将为地方志书的编修起到推动作用，也会为地方文化建设增添活力。所以如何吸引读者走近志书，值得我们深思。

（作者单位：市地方志办）

关于地方志资政之思考

宋维嘉

内容提要： 本文结合北京市地方志办公室依托首轮修志成果为领导机关进行决策提供参考、发挥地方志资政功能这一工作实际，提出了资政过程中应注意的六方面主要问题，并进行了深入阐述。以期对地方志发挥资政功能有更深刻的认识，从而更好地完成此项工作。

关键词： 地方志　资政　志鉴信息

地方志是全面系统记述某一地域自然、政治、经济、文化和社会的历史与现状的资料性文献，地方志是"经世致用"之书，具有资政、存史、教化三大功能。资政功能是指地方志能够向领导机关和领导者提供决策借鉴和参考，这是地方志的首要功能。如何充分发挥地方志的资政功能，助力于经济社会发展，值得思考。

以北京市为例，20 世纪 80 年代，北京市启动了第一轮志书编修，规划志书 172 部，其中《北京志》154 部，区县志 18 部，约 1 亿字。这是新中国成立以来，前所未有的大规模的对北京地情的全面调查研究和系统挖掘整理，也是北京历史上少有的浩大的基础文化建设工程，为今人和后人了解研究北京，发展各项事业，提供了比较全面的基础性资料，也为志书的可持续编修积累了经验。近年来，地方志事业逐步受到各级领导干部、社会各界的重视、理解和支持。地方志已成为发展文化事业的文化产业的基础性资料，在政治、经济、社会的发展中，发挥着潜移默化的、直接间接的、越来越明显的促进作用。

北京市以首轮修志成果为基础，读志用志、开发利用活动多渠道展开，地方志开发利用取得了显著成果。然而，读志用志并不能简单地与资政划上等号，读志用志只是地方志开发利用的一般形式；为各级领导机关和领导者提供决策参考，并被采纳从而对经济社会发展产生重大深远影响，更能体现地方志编修的重大意义。北京市地方志办公室对此有清醒的认识，在各级领导关心关注地方志工作的大好形势下，为发挥地方志的资政功能，主动作为向领导机关和领导者提供志鉴信息，以期为领导者进行决策提供参考。这是一项极其重要的工作，也是方志机构的职责。笔者简单参与了这一过程，由此对地方志如何资政产生了简单思考，提出问题供系统深入研究。

北京市地方志办公室向领导机关和领导者提供方志信息以资政，起因于中共中央总书记、国家主席、中央军委主席习近平于2014年2月25日在北京市考察工作时提出的明确城市战略定位、调整疏解非首都核心功能、有效控制人口规模等五点要求。北京市地方志办公室就五点要求内容，主要以北京市首轮编修志书为资料来源，向领导机关报送了若干期志鉴信息，重点介绍元明清时期北京地区人口规模变化情况、不同时期北京城市功能定位等，得到领导机关的肯定。在取得一定成绩的同时，我们也应该清醒地认识到在资政过程中有许多问题值得注意，逐渐解决这些问题，才能取得更好的资政效果，直接或间接更好地服务于经济社会发展。

资政过程中应注意的主要问题如下。

一、资政要切实坚持好指导思想

资政工作要以马克思列宁主义、毛泽东思想、邓小平理论、"三个代表"重要思想和科学发展观为指导，深入学习贯彻习近平总书记一系列重要讲话。党的十八大以来，习近平总书记发表了一系列重要讲话，提出了实现中华民族伟大复兴中国梦的重要思想，阐述了党和国家面临的一系列重大问题，提出了很多新思想、新观点、新论断、新要求，展示了新一届中央领导集体的执政思路。习近平总书记的系列重要讲话阐明的系列重大问题和提出的新思想、新观点、新论断、新要求，毫无疑问是当今中国最大的"政"。因此，一定要对这个最大的"政"有高度清晰深刻的认识，资政工作才能有的放矢。

二、明确资政的角度和高度

地方志是一方之全史。古语有言："治天下者以史为鉴，治郡国者以治为鉴。"然而，随着经济社会的发展，某一省市存在的问题，往往需要各省联动，甚至站在中央的角度去通盘考虑问题才能解决，仅靠一省市之力难以解决。因此，笔者认为，为了充分发挥资政功能，取得良好的资政效果，方志机构应以方志为基础，并多方吸收结合社会文明优秀成果，立足方志但不拘泥于方志，立足北京但不拘泥于北京，站在全球、全国的高度，结合北京的角度通盘考虑问题。

三、加强资政系统顶层框架设计

资政是地方志机构的职责使然，应做到资政内容系统、全面、协调、可持续。如果选题缺乏顶层框架设计，根据人员自身知识结构、关注兴趣点以及先易后难的原则进行选题，极容易造成选题的随意性，进而难以切中要害。少量的志鉴信息看不出什么问题，但长期大量的志鉴信息放在一起，就容易发现各期志鉴信息之间缺乏内在逻辑，缺乏系统性。为解决这一问题，应该加强资政信息的顶层篇目框架设计，首先形成资政信息目录，进而撰写资政信息。资政信息数量较多的时候，整合成书，会有浑然天成之感。关于资政目录，笔者认为以《中共中央关于全面深化改革若干重大问题的决定》（2013 年 11 月 12 日中国共产党第十八届中央委员会第三次全体会议通过）为蓝本，再恰当不过。

四、加强资政可行性论证

地方志作为一方之全史，贯古通今。方志机构在向领导者报送志鉴信息的时候，往往想提供的是历史经验。然而，几千年以来，生产力和生产关系均发生了重大变化。晚清李鸿章遇到的已经是"三千年未有之大变局"，1978年开始的改革开放、党的十八届三中全会做出的全面深化改革若干重大问题的决定，更是前无古人的开创性事业。当今社会遇到的很多问题，根本没有历史经验，各级领导往往借鉴的是国外发展经验，这就为方志资政的可行性提出了挑战。因此，方志机构在选题时，应请相关领域专家进行研讨，进行选题的可行性论证，理清选题的重点、难点、研究方法、研究方向等一系列问题，做到思路清晰、有的放矢。

五、高度重视资政题目之间的关联耦合性

2013 年 11 月 24 日至 28 日，习近平总书记考察山东时强调，要协调推进改革，注重改革的关联性和耦合性，把握全局，力争实质最大综合效益。以此角度，在学习习近平总书记 2014 年 2 月 25 日考察北京时就推进北京发展和管理工作提出的五点要求，就会有深刻的体会。习近平总书记提出明确城市战略定位、调整疏解非首都核心功能、提升城市建设特别是基础设施建设质量、健全城市管理体制提高城市管理水平、加大大气污染治理力度五方面均具有很强的关联耦合性。这就要求我们方志机构撰写志鉴信息时，要充分地认识到这一点，充分考虑资政题目之间的关联性和耦合性。述而不论是地方志的编修原则，但是在方志用于资政时，述论结合对问题之间的关联性和耦

合性进行适当分析，应会产生更好的效果。

六、加强人员知识储备

在参与撰写人口问题的志鉴信息时，笔者深感到自身知识的储备不足，对人口问题、人口学知识缺乏基本的了解。因此，编纂出来的内容质量难免打上折扣。为解决这一问题，要求参与人员日常注重学习、注意积累。在学习积累过程中，强调深刻学习理解某一领域的内在发展规律，充分感受其历史发展的大势大略，重点在宏观上准确地把握，不拘泥于历史细节。只有这样，才能提高查找资料的针对性，避免盲目性，撰写的志鉴信息才能更加具有内在逻辑。然而，注重日常的学习积累并不能完全解决参与人员水平有限和资政题目广泛之间的矛盾。因此，方志机构应该多整合社会资源，借船出海，为我所用。遇到某一具体资政题目时，多咨询行业领域专家，充分吸收借鉴行业领域专家提出的意见和建议，以此提高资政的质量和水平。

（作者单位：市地方志办）